LES ETATS-UNIS de la Terre

(Un programme praticable d'entente pacifique universelle et stable entre les peuples.)

PAR

AUGUSTE FOREL

Dr med., phil. (h. c.) et jur. (h. c.),
ancien Professeur de Psychiatrie à l'Université de Zurich,
à YVORNE (Suisse).

PRIX : 60 CENT.

Par 20 exemplaires à la fois 50 cent., par 50 ex. 45 cent.,
par 100 ex. 40 cent. (port en sus).

LAUSANNE
E. Peytrequin, rue de la Louve, 4.
1915

Publié avec le concours de l'Ordre pour l'Action sociale et l'Education morale (Avenue de la Harpe, 9) et celui de la Ligue pour l'organisation du Progrès (60, Avenue de Rumine), Lausanne.

Dr Auguste FOREL

Les Etats-Unis
DE LA
Terre

LAUSANNE
Imprimerie Fritz Ruedi, Jumelles, 3
1914

Publié avec le concours de l'Ordre pour l'Action sociale et l'Education morale (Avenue de la Harpe, 9) et celui de la Ligue pour l'organisation du Progrès (60, Avenue de Rumine), Lausanne.

Dr Auguste FOREL

Les Etats-Unis de la Terre

LAUSANNE
Imprimerie Fritz Ruedi, Jumelles, 3
1914

Les Etats-Unis de la Terre

Dans les numéros du 1er et du 15 juin 1914 d'un journal allemand « Der allgemeine Beobachter », à Hambourg, j'avais écrit, sans me douter de ce qui allait arriver, un article intitulé « Les Etats-Unis d'Europe ». En juillet, trois personnes me répondirent dans le même journal : M. Bloh, qui se déclara absolument d'accord avec moi, et deux pangermanistes, dont l'argumentation touchait à l'absurde, surtout celle de M. Kurd von Strantz. Ma duplique, qui devait suivre en août, ne parut pas, à cause de la guerre. Il sera intéressant, à la fin de celle-ci, de soumettre nos arguments réciproques à un examen impartial selon la méthode scientifique. Actuellement, nous assistons à une leçon de choses comme on n'en a jamais vu de pareille sur toute la terre. Sous le titre ci-dessus, je veux examiner une série de questions qui me paraissent très importantes pour l'avenir de notre civilisation.

I. La prétendue faillite du pacifisme

Sous l'exaltation belliqueuse des nations adverses qui sont aux prises, on s'est hâté de déclarer la faillite du pacifisme. Cela se comprend, mais pareille affirmation n'en est pas moins parfaitement fausse. Je veux essayer de le prouver. La plupart des hommes se laissent conduire par leurs sentiments et leurs passions qui faussent toujours le jugement. La guerre actuelle devrait ouvrir les yeux, même des plus aveugles, à cet égard. Les « ennemis » s'accusent mutuellement de mensonge. Sans aucun doute, beaucoup de contre-vérités sont affirmées d'une façon tendancieuse ; mais ceux qui « mentent » le font par passion ou par émotion, d'une façon plus ou moins inconsciente. J'en excepte naturellement les tromperies calculées de certains diplomates et chefs qui veulent agir sur les masses par suggestion, quoique eux aussi soient souvent victimes de leurs passions.

On observe aujourd'hui un singulier mélange d'exaltation et de dépression. Les uns chantent les louanges de la guerre et de l'héroïsme, prédisant une ère nouvelle pour le monde, chacun partant, naturellement, du point de vue de ses sympathies; ils prévoient un renouveau admirable de l'humanité. D'autres, au contraire, voient devant eux un abîme qui détruira pour toujours notre culture intellectuelle et morale et nous ramènera à la barbarie. Ces derniers sont ébahis de voir le réveil subit des instincts de la bête féroce humaine ; ils n'en croient pas leurs yeux ni leurs oreilles. Ce sont là deux vagues contraires de l'émotivité humaine aussi fausse l'une que l'autre dans leurs conclusions.

On confond toujours la notion de l'hérédité évolutive du cerveau, c'est-à-dire de l'âme, avec celle de la civilisation (1). La première ne pro-

(1) Voir Forel *Human Perfectibility in the Light of Evolution*, The International Monthly, Burlington et Londres, août 1901.

gresse qu'au cours de millions, ou au moins de centaines de milliers d'années, avant de changer l'homme et les animaux supérieurs d'une façon notable. Les progrès de la seconde, au contraire, proviennent des acquisitions individuelles du cerveau durant chaque vie. Or, ces dernières sont dues à nos ancêtres, dont les connaissances ont été accumulées dès longtemps dans l'encyclopédie de la science et de l'art. L'école, les livres, le travail intellectuel et celui de nos sens contribuent sans relâche à remplir ainsi le cerveau de chacun. C'est donc avec raison que le poète suisse C.-F. Meyer a dit en un mot lapidaire : « Les morts dominent toute notre vie.» Il s'en suit que notre culture intellectuelle et morale est absolument incapable de changer la nature humaine, mais qu'à l'aide d'une éducation appropriée, l'homme peut être individuellement adapté aux sentiments sociaux, au travail social, à la discipline et à la simplicité, c'est-à-dire à ses devoirs sociaux.

On ne peut douter des instincts naturels féroces de l'homme, mais il est aussi capable de dévouement, d'héroïsme et d'abnégation. L'antithèse relative de l'égoïsme et de l'altruisme humains varie, de plus, infiniment, suivant les individus, bien moins par suite du vernis de leur éducation qu'en vertu de leurs dispositions héréditaires. On voit de grands altruistes, encore plus de grands égoïstes, et, entre les deux, toute une échelle de transitions. Plus même; selon ses dispositions natives variables à diverses passions, la même personne sera plus ou moins égoïste ou altruiste, qui dans un sens et qui dans l'autre. Le problème qui nous occupe peut être divisé, au point de vue pratique, en deux questions :

1. Le pacifisme est-il bon ou mauvais pour l'avenir social de l'homme ?

2. S'il est bon, est-il possible ?

Les ennemis du pacifisme exaltent les vertus guerrières, l'héroïsme et, avant tout, la discipline. Ils croient qu'une paix durant toujours produirait un avachissement progressif de l'homme, tant par le luxe que par l manque de dévouement patriotique et de discipline. Mais les faits actuels, comme ceux du passé, ne leur donnent pas raison. Nous vîmes le plus souvent, comme à Sparte et ailleurs, les esclaves forcés au travail dépasser plus tard leurs anciens maîtres et les remplacer. Nous voyons au contraire nos soldats modernes, qu'on avait dit amollis, combattre actuellement en héros. Nos Suisses paraissent aussi bons soldats que leurs ancêtres batailleurs qui se laissaient corrompre bien souvent par l'argent gagné dans leurs services mercenaires. On confond ici les causes et les effets. Je prouverai plus tard qu'on peut arriver sans guerre à une discipline humaine excellente et continue. On peut combattre le luxe et l'amollissement par des moyens bien mieux appropriés que les batailles, car ils sont dus, non pas à la paix, mais à l'argent mal employé, et à une éducation et une organisation sociale fautives. Nous le prouverons aussi.

Nous voyons au contraire que la guerre, surtout la plus moderne, tout en exaltant pour des années les passions bestiales de l'homme, la haine nationale chauvine, la calomnie, la cruauté, etc., détruit les meilleurs et conserve les infirmes de corps et d'esprit. Nous voyons les plus grandes œuvres de la civilisation et de l'art brutalement détruites. Tout cela est écrit dans l'histoire et nous le voyons aujourd'hui à nouveau. Le major allemand von Egidy a été converti au pacifisme par la guerre de 1870. Je crois donc, et je le prouverai par induction scientifique, que la guerre est mauvaise et une paix stabilisée bonne pour le progrès social de notre civilisation. Reste à savoir si elle est possible.

A l'envers de Ben Akiba et de ses disciples, je prétends qu'il y a quelque chose de nouveau sous le soleil, non pas dans les lois de l'Univers, mais bien dans l'évolution humaine et dans son histoire. Les chemins de fer, les avions, le télégraphe, le téléphone, la découverte de l'évolution des êtres vivants et bien d'autres choses sont des faits absolument nouveaux dans l'histoire de l'humanité. Les sauvages disparaissent rapidement et la civilisation s'étend à toute la surface du globe. Or, nous ne pouvons pas envahir d'autres planètes ou étoiles. Il s'ensuit que, grâce à l'augmentation immense du transit, des hommes de toutes les races cultivées deviennent amis et même parents par mariage. On observe ici que les haines de races ne sont pas plus fortes que les haines individuelles ne l'ont toujours été. Si l'on tient compte des antagonismes artificiels créés et entretenus par les différences de langue et de religion, ainsi que des préjugés qui en découlent, on voit donc que précisément le nouveau qui s'est produit sous le soleil conduit lentement, mais sûrement, la guerre moderne à l'absurde. Nous devons cela au progrès de la culture morale, surtout de la science. Que nous le voulions ou non, il nous forcera à transformer notre vieille organisation sociale vermoulue, basée sur la guerre et les haines nationales.

D'anciennes civilisations furent détruites du dehors par des barbares. Aujourd'hui, aucun barbare dangereux ne nous menace plus et c'est notre propre barbarie que nous devrons vaincre. L'ancien combat des nations pour leur existence perd de plus en plus tout sens commun et se transforme même en amère ironie. Par suite des intrigues et de l'ambition de certains diplomates et dictateurs, souvent très bornés d'esprit, nous voyons aujourd'hui des parents, des amis et compagnons d'âme être « forcés » de se tuer en masse les uns les autres, malgré leur amour mutuel. On nous oppose la défense et les intérêts pécuniaires des nations ; mais c'est là une pure fascination. En effet, toutes les nations faisant de même et se neutralisant par là, il faudrait alors en revenir à l'ancienne oppression par un esclavage plus ou moins déguisé. Les partisans de la guerre moderne le veulent-ils vraiment ? Sinon, leur folie est facile à démasquer.

II. Base possible des Etats-Unis de la terre

Quiconque possède une ferme volonté jointe à une forte intelligence trouve toujours la voie qui mène au but. Dans notre cas, le but doit être, à l'aide d'une paix permanente, la suppression de toute hégémonie de nation, de langue et de croyance sur la terre. Laissons de côté l'envie de conquêtes dominatrices et mégalomanes. La vraie difficulté avouée du désarmement général gît pour chaque nation dans la défensive, c'est-à-dire dans le danger d'attaques venant du dehors. Pour y parer, il faut une entente internationale entre TOUTES les nations civilisées, sur des bases équitables, entente pour laquelle la fin de la guerre actuelle fournira une occasion unique en son genre. A part la Chine, qui est du reste maintenant en train de se remettre au rang des nations civilisées, le reste des peuples encore barbares ou sauvages n'entre plus en ligne de compte. Nous y reviendrons du reste en parlant plus tard des races. Passons aux points principaux.

Il faut en premier lieu que toutes les nations civilisées s'entendent entre elles sur la base de l'égalité des droits, tant pour les croyances religieuses que pour les langues, comme elle se pratique par exemple en Suisse, afin de pouvoir former une fédération universelle pacifique. Une des tâches subséquentes les plus importantes sera l'autonomie administrative laissée à chaque groupe ou province de langue, race ou religion particulière. Il ne faut pas confondre les notions d'Etat ou de nation et de nationalité. La Russie, l'Autriche et la Suisse sont, par exemple, des Etats ou nations composés de nationalités diverses. Or, dans les deux premiers pays, ces dernières sont en partie assujetties et opprimées, tandis qu'en Suisse elles sont libres, grâce à la liberté des croyances et des langues garantie par notre Constitution, et à la décentralisation administrative. En agissant dans le sens que je viens d'indiquer, on arrivera facilement, peu à peu, à diminuer d'une façon énorme l'importance actuelle de la territorialité nationale et les diplomates n'auront plus à se casser la tête à son sujet, l'oppression d'une nationalité chez d'autres Etats venant par là à cesser. Mais comment arriver à la grande fédération internationale ?

Il faut, pour cela, instituer un tribunal d'arbitrage supra-national comme le désirent depuis longtemps les pacifistes. Pour que ce tribunal puisse vraiment agir et empêcher tout conflit armé entre les nations, il faut qu'il soit pourvu des pouvoirs et de la force nécessaires, c'est-à-dire que les armées doivent lui être subordonnées pour tout ce qui n'est pas police nationale. Il faut, de plus, que toutes les nations fédérées s'engagent solennellement à s'unir solidairement contre toute tentative séparée de briser la paix internationale. Pareil fait vient d'avoir lieu entre les puissances alliées qui se font actuellement la guerre ; pourquoi cela serait-il impossible entre toutes ?

Mais comment constituer l'aéropage ou tribunal supra-national ? Il n'est possible actuellement que sous forme de délégations de chaque nation. On a ignoré jusqu'ici les petits pays qui se sont ainsi désintéressés de la politique mondiale. Il faut que cela change. Je ne vois guère qu'une possibilité, c'est de constituer l'aéropage international sur une base équitable de tant par groupe de millions d'habitants pour chaque nation et fraction en dessous. On pourrait déduire les analphabets du chiffre justifiant la délégation. Admettons comme exemple, un délégué par cinq millions. Pour ne pas donner trop d'importance aux pays très petits, on pourrait leur accorder un délégué en commun, jusqu'à concurrence de cinq millions d'habitants. Il va sans dire que la manière d'élire ces délégués serait laissée à la souveraineté de chaque pays, quelle que soit la forme monarchique ou républicaine de son gouvernement.

L'arbitrage entre les nations serait naturellement le premier but de la fédération supra-nationale désirée, mais ce but n'exclut pas la possibilité de lui attribuer peu à peu d'autres compétences. Le meilleur moyen d'y parvenir est le système des concordats entre plusieurs des Etats fédérés, lorsqu'on ne peut pas arriver à une entente unanime. L'expérience subséquente conduit peu à peu à l'unanimité si la chose est bonne, comme on l'a vu dans l'Union postale internationale et ailleurs.

La haute responsabilité encourue par les délégués d'un aéropage supra-national exige péremptoirement une limitation de leur pouvoir au strict nécessaire, un contrôle très efficace de la part des nations représentées et une réélection périodique. Je suis en effet d'avis que les personnes haut placées, supportant une grande responsabilité, ne devraient jamais demeurer toujours au pouvoir. Au bout de cinq ans au plus, elles devraient rentrer dans les rangs comme simples soldats ; ce serait le meilleur moyen d'empêcher que leur puissance ne les grise. Il est inutile de dire que seulement des personnes de haute valeur morale et intellectuelle devraient être déléguées. Dans ce but, il faut avant tout éviter ce qui attire la vanité et l'ambition des arrivistes : les titres, les décorations, de fortes rétributions pécuniaires, ainsi que toute possibilité d'abuser de leur influence dans des buts personnels. Il faudrait que l'organisation entière de la délégation comporte une vie austère et simple, faite d'abnégation, de travail et de dévouement au bien social. Quiconque ne voudrait pas de pareil régime n'est pas digne de figurer dans une délégation supra-nationale.

Le second point capital à étudier est celui d'un désarmement universel et progressif sur terre et sur mer. Je dis progressif, car il est actuellement impossible d'y arriver d'un seul coup. La première mesure à prendre dans ce but serait de limiter les armements à un tant par million de la population de toutes les nations fédérées. C'est le seul moyen de parvenir, à l'aide d'un contrôle sévère chez toutes les nations, à éviter des abus et à établir un juste équilibre. Prenons comme exemple la petite Suisse neutre avec ses 4 millions d'habitants environ. En limitant ses armements à 50,000 par million d'habitants, elle devrait avoir une armée de 200,000 hommes ; si l'on va plus loin et qu'on limite les armements à 25,000 par million, il lui resterait 100,000 soldats à armer. L'armée doit naturellement être employée seulement pour l'ordre national dans le pays lui-même. Elle aura en outre un but provisoire de défense éventuelle, jusqu'à ce que l'organisation supra-nationale soit suffisamment établie, fortifiée et entrée dans les mœurs. Elle pourra servir en outre de modèle à l'armée pacifique dont nous parlerons plus tard. Dans les pays qui comprennent encore des provinces ou colonies barbares ou sauvages, il va sans dire que l'armée servira à réprimer les pillages et autres dangers de ces dernières, jusqu'à ce qu'elles soient suffisamment civilisées. Nous reviendrons sur ce chapitre.

Il me paraît que le système des milices est le meilleur moyen d'arriver petit à petit et sans grande secousse au but désiré. L'ancien système des armées permanentes avec tirage au sort, etc., tombe du reste de plus en plus en désuétude. Néanmoins, les grands pays ont encore un service militaire très prolongé, qui entraine beaucoup d'inconvénients, en particulier au point de vue de la vie sexuelle. Il me semble que le système de nos simples milices suisses offrirait le meilleur acheminement vers une paix progressive. Elles ont fait maintenant leurs preuves et permettent à tout citoyen de conserver son travail ou son métier, le service militaire ne durant que quelques semaines par an.

L'idéal serait sans doute d'arriver petit à petit, après de longues années de transition, à limiter les armées à une simple police nationale en les transformant d'une façon que je traiterai dans mon cinquième article.

Mais, qu'on y arrive ou non, il faudra toujours qu'une élite de toutes les armées ou polices nationales soit maintenue au service de l'aréopage supra-national, afin d'empêcher tous les abus locaux des nations.

En terminant l'esquisse ci-dessus je ne me fais aucune illusion sur son compte. Il va sans dire qu'elle représente une simple cristallisation d'idées générales qui sont actuellement dans l'air et que ce sera à des personnes bien plus compétentes que moi de réaliser des réformes pratiques et bonnes dans un sens analogue. Je crois qu'il était néanmoins nécessaire d'appeler franchement les choses par leur nom, quitte à corriger et recorriger toutes les erreurs pour arriver à toujours mieux. Je tiens avant tout à prouver, dans les articles suivants, la nécessité d'un ensemble de réformes sociales dont il faut saisir les rapports mutuels pour comprendre l'importance du tout.

III. Colonies

La question des colonies est, pour notre sujet, de la plus haute importance. La notion de colonie est extrêmement élastique. Sous le nom de protectorat (Tunisie, Egypte, etc.), on désigne d'une forme polie l'hégémonie encore incomplète d'un peuple sur l'autre. Le protectorat prépare l'annexion dite coloniale. Mais, d'un autre côté, cette dernière, sous un régime éclairé et libéral, peut au contraire ramener l'indépendance progressive à l'aide d'une civilisation méthodique de la colonie, comme on le voit au Canada et en Australie. Ces derniers pays représentent, à mon avis du moins, l'idéal qu'on doit arriver à atteindre. Il faut le dire, c'est l'Angleterre qui a su seule, jusqu'ici, le réaliser. Je dis que c'est là l'idéal, parce que des colonies ainsi conçues et enfantées deviennent les grands amis de leur mère patrie, la dépassent même souvent à bien des égards et peuvent plus tard en arriver à se fédérer avec elle sur un pied d'égalité complète. Or, c'est là, précisément, le but auquel nous devons tendre.

Mais la question des colonies se complique de beaucoup de choses, en particulier de deux : la question des tropiques et celle des races indigènes. Malheureusement, les nations qui fondent des colonies ont avant tout le but mégalomane de leur propre grandeur habilement combiné à celui de l'exploitation pécuniaire commerciale, ce qui vient troubler toute la question.

Le climat tropical est en général malsain pour l'homme, qu'il rend paresseux et maladif à l'exception des races nègres. Or, ces dernières races sont positivement inférieures au point de vue mental et moral-social. Les colonies tropicales sont avant tout celles de l'Afrique, de l'Amérique centrale et méridionale, ainsi que celles des Iles de la Sonde, de la Nouvelle-Guinée et du sud de l'Inde. Une grande partie des anciennes colonies espagnoles et portugaises de l'Amérique centrale et méridionale se sont libérées et constituées en soi-disant républiques, qui sont en réalité bien plutôt des autocraties militaires soumises à un général devenu président. De pareilles caricatures de la république tendent à discréditer cette forme de gouvernement. La cause profonde du mal gît dans une combinaison du climat tropical avec le métissage de races inférieures, le tout joint à l'ignorance et au fanatisme religieux.

Mais, surtout dans les tropiques, une autre cause vient partout empirer le mal ; c'est l'usage des boissons alcooliques par des hommes encore plus incapables que nous, civilisés, de leur résister. On s'est même servi de pareil moyen de façon vraiment infâme pour abrutir et détruire systématiquement des races faibles et incapables de résister à leurs passions, en leur extorquant, par dessus le marché, le produit de leur travail, échangé contre de l'eau-de-vie. Il n'y a pas longtemps qu'on est arrivé à comprendre que des abus semblables, pratiqués dans les colonies, font autant de mal à la nation dominante qu'aux pauvres indigènes. Dans beaucoup d'endroits, on a commencé, bien tard, hélas ! à réagir énergiquement.

La question la plus ardue est, sans aucun doute, celle des races, car il n'est pas facile de distinguer avec certitude celles qui sont simplement encore barbares ou sauvages, mais du reste civilisables à l'aide d'une éducation méthodique, de celles qui sont en elles-mêmes inférieures par hérédité et, par ce fait, incomplètement civilisables, c'est-à-dire seulement capables d'une civilisation plus ou moins rudimentaire. Ces dernières, comme les Weddas, les Papous, les Australiens et même les nègres, peuvent bien être apprivoisées et acquérir notre civilisation, plus ou moins extérieurement, tant que des races supérieures les maintiennent sous leur dépendance. Mais, l'expérience l'a déjà prouvé, dès que pareils peuples sont laissés à eux-mêmes, ils ont tôt fait de retomber dans une triste barbarie, comme à Libéria, et même, parfois, dans l'anthropophagie, comme on le voit aujourd'hui dans l'ancienne colonie française de Haïti.

Seul, le poids moyen du cerveau nous donne un critère plus ou moins sûr de la capacité d'une race humaine à être civilisée. Chez les races supérieures (Ariens, Chinois, etc.), il est (hommes) de plus de 1450 gr., chez les Weddas de 1277 environ, chez les nègres, entre deux. Mais il existe, en outre, de séculaires expériences historiques qui nous permettent de distinguer plus ou moins sûrement entre les races civilisables et celles qui ne le sont que d'une façon rudimentaire. Des circonstances directes ont fait retomber, par exemple, des races hautement civilisables, comme les Chinois, les anciens Assyriens, les Egyptiens et même les Grecs, dans une barbarie relative ou dans une stagnation déplorable dont elles commencent à se relever actuellement, à l'exemple du Japon. Oubliant nous-mêmes notre barbarie du moyen-âge, et plus ancienne encore, nous avions eu l'immense tort de regarder du haut en bas les habitants des contrées de l'Asie et de l'Afrique du nord. Il nous en cuit déjà et il nous en cuira davantage encore ! J'ai proposé une simple expérience pour résoudre pratiquement la question (1). Au lieu de faire de grandes théories et d'en déduire des dogmes, qu'on prenne en Europe, par exemple, vingt petits Chinois ou Malais dans l'enfance et qu'on fasse leur éducation à l'aide d'une bonne école nouvelle ; on verra les résultats au bout de 20 ou 30 ans. Qu'on prenne par contre vingt petits nouveaux-nés européens dans la misère, et qu'on fasse faire leur éducation en Chine ou en Malaisie. Alors on pourra comparer et voir si nous nous montrons supérieurs là-bas et si les Chinois ou Malais sont inférieurs chez nous.

Mais il y a encore d'autres genres de complication. Il existe des races qui veulent devenir civilisées, mais, surface à part, ne le peuvent pas, comme les nègres, pour lesquels les missions et Haïti se sont déjà amplement chargés de faire l'expérience ci-dessus. En sens inverse, il existe des races qui pourraient peut-être être civilisées, mais qui ne le veulent pas. Citons les tziganes et les bédouins, qui veulent absolument rester nomades et barbares. Il y a ici une force majeure qui obligera la civilisation à soumettre les premiers à une hégémonie relative aussi douce que possible et à forcer les seconds à choisir entre une civilisation imposée ou une suppression graduelle.

Une autre complication provient de certaines religions, en particulier de l'islamisme. Ce dernier a semé les ruines et la stagnation partout où il a régné, à l'exception de l'ancienne civilisation

(1) Forel, « Archiv für Rassen- und Gesellschaftsbiologie », 1908, p. 249 : « Gelbe und weisse Rasse ».

arabe. Pourquoi ? Je me suis efforcé de le comprendre en allant sur les lieux en Algérie, Tunisie et Turquie. J'ai cru naïvement, un certain temps, aux réformes des Jeunes-Turcs, mais j'ai été fortement désabusé à Constantinople et ailleurs. Le fatalisme et l'ignorance jouent certainement un grand rôle dans la question, mais je crois que le mal principal provient du manque complet d'éducation de la femme, enfermée dans son harem ou forcée à un travail abject (chez les pauvres). Comme mère, elle est incapable de faire l'éducation de ses enfants, ce qui empêche ces derniers de devenir aptes au travail intellectuel et d'acquérir des notions de morale sociale. Là est la plaie de tout l'Orient islamite. Celle-ci ne pourra être guérie que par l'émancipation et la libération complètes de la femme, jointe à l'éducation de l'homme, dès son enfance. Certains Turcs et Arabes distingués me l'ont eux-mêmes avoué. Mais, pour cela, il faudrait transformer l'islamisme lui-même.

Jetons maintenant un coup d'œil sur la carte du globe et nous y verrons facilement qu'à part les tropiques, où l'homme s'avachit, les races déjà civilisées, jointes aux races sûrement civilisables, dominent partout et que, si nous ne nous exterminons pas nous-mêmes entre nous, nous n'aurons, comme je l'ai déjà dit, plus rien à craindre de la sauvagerie des barbares. Les pseudo-républiques de l'Amérique du Sud nous démontrent que, peu à peu, là où le climat le permet, les races civilisées envahissent pacifiquement des pays comme l'Argentine, l'Uruguay, le Chili, le Brésil du Sud et le Mexique, se chargeant ainsi de les transformer en nations civilisées. Si, maintenant, les Etats modernes transforment le budget exterminateur de la guerre en budget éducateur de leur propre peuple et de celui de leurs colonies, ils ne tarderont pas à civiliser tout ce qui est civilisable. Pour cela, ils n'ont qu'à imiter ce qu'a fait l'Angleterre au Canada et en Australie, et surtout à DONNER à leurs colonies, au lieu de les exploiter d'une façon plus ou moins infâme. A cet effet, il faudrait que les Etats-Unis de la Terre en arrivent à une convention mutuelle qui règle d'une façon générale la question des colonies, en assurant aux races indigènes l'éducation sociale et l'existence matérielle dont elles ont un besoin si urgent. Il faudrait partout interdire, dans les colonies, l'usage des boissons alcooliques. Nous reviendrons sur ce sujet, ainsi que sur celui des péages. Notre expérience actuelle ne suffit pas pour déterminer le degré auquel les races inférieures peuvent encore être civilisées. Les races nègres sont presque indispensables pour la culture des tropiques. Il faudrait leur assurer au moins le degré d'indépendance nécessaire pour les rendre heureuses, sans toutefois les laisser retomber dans une barbarie criminelle. J'ai pu admirer moi-même, à la Jamaïque et dans l'Antille de Trinidad, la façon dont les Anglais savent maintenir les nègres sous une tutelle heureuse et bonne, bien préférable à la liberté complète dont ils ne savent user, ni aux Etats-Unis, ni à Haïti.

Notre but doit être de rendre partout l'humanité plus heureuse en la délivrant de la barbarie et en lui donnant toute la liberté dont elle est capable sans nuire au bien social de l'ensemble. Cela est vrai pour nous-mêmes, comme pour les colonies. Il faut que nous tendions à rendre ces dernières, peu à peu, aussi indépendantes que les autres Etats. Nous reviendrons, du reste, sur un point capital, en parlant, plus tard, de l'eugénisme.

IV. Barbarie civilisée

A propos des colonies, nous avons parlé de races barbares et sauvages, mais qu'en est-il de nous-mêmes, nous qui nous piquons de notre haute culture ? On peut être civilisé, même fort instruit, et demeurer barbare. Plongés dans l'art, la science, le commerce ou l'industrie, les gens riches ou cultivés forment aujourd'hui entre eux des salons aux fines allures et ferment les yeux sur le reste du peuple lorsqu'ils ne sont ni socialistes, ni membres de l'Armée du Salut, ni d'autres bonnes œuvres sociales, tant religieuses que libres penseuses ou neutres. Qu'on se donne la peine de lire certains livres d'études sociales vraiment vécus, comme diverses œuvres de Vandervelde, G. Renard, Zola, A. Couvreur et autres (1). Alors on verra, béante, devant soi, dans tous les pays d'Europe, sans exception, notre vraie barbarie sociale. D'où vient-elle ?

Elle est le résultat d'une combinaison fort compliquée d'hérédité et d'acquis, combinaison qu'il s'agit de démêler.

L'acquis provient de l'éducation déplorablement négligée de nos enfants, surtout des pauvres. On les instruit bien à l'école, du moins dans les pays où l'instruction est obligatoire, mais ce

(1) Walter Biolley, « Le grand coupable » ; Im Kampf und Dasein », Hermann Quasthoff, éditeur, Stuttgart ; « Erinnerungen eines Waisenknaben », Munich, Ernst Reinhardt : « Ich suche meine Mutter », même éditeur ; « Erlebnisse einer Serviertochter », von Annelise Rüegg, Librairie du Grutli, Zurich, etc.

qu'on néglige entièrement, c'est leur véritable éducation sociale et morale, abandonnée à des parents incapables de la faire, ignorants, superstitieux et souvent brutaux. Les enfants, même ceux dont l'hérédité est bonne, sont le plus souvent bourrés de coups et d'injures par parents et camarades. La spéculation leur glisse entre les mains des livres infects et immoraux ; leurs jeux mêmes sont remplis d'infâmes brutalités et l'alcool, joint au dévergondage, fait plus tard le reste. Même chez les instruits, dans les cercles des gymnases et des universités, le ton n'est souvent pas beaucoup meilleur.

Le mal ne se borne pas là. La mauvaise hérédité et la dégénération du cerveau se chargent d'entretenir et d'augmenter notre barbarie. Je parle par expérience, ayant dirigé pendant dix-neuf ans un asile d'aliénés et traité dès lors bien des centaines de dégénérés héréditaires. Nous avons au milieu de nous une proportion effrayante de fous, de demi-fous et de dégénérés de tous les calibres, chez lesquels ce qu'on appelle avec raison les « idiots moraux » ou individus amoraux par hérédité jouent un rôle énorme sous forme d'apaches et autres criminels qui viennent remplir les bouges et les prisons. Je n'exagère ici aucunement ; il suffit d'ouvrir les yeux et d'étudier nos peuples avec soin pour constater ces choses, chez les gens instruits et chez les riches sous une autre forme, qui ne vaut pas mieux que celle des pauvres et des ignorants. Là où il s'agit d'hérédité, les tares sont en elles-mêmes incurables, pour autant qu'aucune cause acquise ne vient s'y ajouter. Nos lois, encore plongées dans les erreurs d'anciennes traditions, punissent au lieu de réformer. Nos budgets, accaparés par les armées, ne peuvent faire ce qu'il faut pour l'éducation du peuple. Se greffant en outre sur le mal l'alcool et la guerre elle-même concourent à l'envi à augmenter rapidement la dégénération de notre race en détériorant ou détruisant ses meilleurs germes. Je crois qu'on fait grand tort aux véritables Indiens apaches en appelant de leur nom nos amoraux modernes.

Au lieu donc de vouloir à toute force conquérir, dominer, réformer et convertir les peuples, dits par nous encore barbares et sauvages, nous ferons bien mieux de commencer par nous-mêmes et de réformer de fond en comble l'éducation morale et sociale de notre enfance en combinant à sa réforme la suppression de la guerre, des boissons alcooliques et de la jouissance d'autres substances narcotiques, ce qui nous aidera de plus à obtenir les fonds nécessaires.

IV. *a*) DOUANES ET TRUSTS

Dans les temps anciens déjà, on avait inventé la dîme et d'autres impôts plus ou moins locaux, prélevés sur les travailleurs. Plus tard, suivirent les péages, les octrois et autres prélèvements, surtout locaux aussi. La douane proprement dite, c'est-à-dire les taxes prélevées par un Etat sur les marchandises importées chez lui par d'autres Etats, est une institution beaucoup plus moderne et fort complexe, très cousue de certaines hypocrisies plus ou moins conscientes ou inconscientes.

Ce que le fisc des Etats souligne surtout, c'est le développement des industries et des produits locaux par leur protection contre l'envahissement étranger. Il est vrai que certaines industries sont nées et se sont fortifiées à l'aide du protectionnisme douanier. Mais il faut tenir compte des tarifs défensifs employés par les autres nations, tarifs dits de rétorsion et frappant à leur tour l'industrie et les produits du pays protectionniste. Il en résulte une guerre de tarifs dont les inconvénients dépassent souvent beaucoup les avantages obtenus d'ailleurs.

Mais là n'est pas tout. Ce que le fisc des Etats souligne le moins possible, c'est qu'en réalité les douanes sont une source immense de revenus fiscaux prélevés sur les marchandises importées et par conséquent sur les consommateurs de sa propre nation. Tout bien pesé, chacun en souffre en tout pays, du plus au moins. Le mal est surtout patent chez les nations où l'on impose les matières alimentaires de première nécessité en les frappant d'un fort tarif douanier ou autre.

On voit, par les simples faits énoncés ci-dessus, qu'au fond la douane en revient en grande partie à un impôt indirect, qu'on cherche à prélever sur le public pour remplir les coffres du fisc, tout en invoquant la protection nationale.

Il serait intéressant de comparer les divers monopoles d'Etat avec les douanes et les trusts. Ces derniers sont une invention très moderne des capitalistes, servant à étrangler leurs concurrents à l'aide d'immenses monopoles privés, au profit des millionnaires ou plutôt des milliardaires. Ce n'est pas mon intention de m'étendre longuement sur de pareilles questions, qui ne sont pas du tout de ma partie, mais il est absolument nécessaire ici de les signaler comme source terrible de lutte sourde entre les Etats. A l'aide de pareilles barricades douanières, on creuse des fossés profonds entre les nations, pour le plus grand mal de leurs rapports internationaux. Il faut ajouter à ces faits que les douanes nécessitent une véritable armée de fonctionnaires, sur toutes les frontières, ce qui constitue une lourde charge pour l'Etat et un tracas perpétuel pour le public dans ses voyages. C'est en outre ce dernier qui a le plaisir de payer pour l'exportation ou pour l'importation. Pour ces diverses raisons, je suis franchement libre-échangiste et partisan des impôts directs et progressifs sur la fortune et sur les revenus, comme nous les avons heureusement dans notre démocratie suisse.

De même qu'une Triple-Alliance opposée à une Triple-Entente peut et doit être remplacée par une union ou fédération de toutes les nations civilisées, de même une union douanière spéciale, analogue au « Zollverein » qui existe entre l'Autriche et l'Allemagne, peut et doit être remplacée par un libre échange international pour empêcher à l'avenir les guerres douanières, comme les guerres sanguinaires. On parle souvent du danger qu'offre le libre échange par l'envahissement des industries et des produits étrangers qui vient paralyser les efforts nationaux. Mais le protectionnisme, avec ses barrières artificielles et le surchauffage de certaines industries, sans parler de son armée parasitique de douaniers, est-il le vrai remède au mal? N'y a-t-il pas de beaucoup meilleurs moyens pour arriver, dans chaque pays, à un développement naturel et normal des produits agricoles et de ceux de l'industrie? En abusant des colonies, d'un côté pour y écouler des produits souvent inférieurs, de l'autre pour exploiter le travail des indigènes, et en accumulant ainsi un luxe et des richesses artificiels joints à la surpopulation, les nations civilisées actuelles ne se préparent-elles pas pour l'avenir des malheurs incalculables ?

Je crois, pour ma part, qu'un équilibre naturel, basé partout sur les qualités du sol et du climat, joint surtout à un industrialisme plus social et plus humain que la concurrence anarchique de bête féroce à laquelle se livrent nos industries capitalistes modernes, qu'un pareil équilibre naturel, dis-je, serait bien plus sain que l'état actuel des choses. Sans doute, la Suisse, qui dépend actuellement presque entièrement de l'étranger pour la production des céréales, tremble pour son entretien lorsqu'une guerre comme la lutte actuelle éclate ; mais la faute en est à la guerre que, précisément, nous combattons, et nullement aux principes du libre-échange.

Songeons un instant aux abominables abus de puissance commis, surtout en Amérique, par l'autocratie des grands trusts. Je n'indique, comme exemple, que celui de l'iode qui, pour maintenir ses prix élevés en empêchant toute concurrence, a acheté au Chili des montagnes entières productrices d'iode et les laisse sans exploitation. Les trusts nous montrent, du reste, la voie que les Etats devront suivre pour socialiser la production au profit de l'ensemble des hommes, au lieu d en laisser faire un ignoble abus par quelques milliardaires rapaces au profit de leur lucre.

Contre les dangers d'une surpopulation malsaine, souvent jointe à la misère, surtout dans les villes et les centres industriels, nous avons trois remèdes souverains : le socialisme, l'émigration et l eugénisme ; nous y reviendrons.

V. L'armée pacifique

Du train dont y vont les armées en s'entretuant, comme dans la guerre actuelle, il risque fort de ne rester bientôt plus que des estropiés, des dégénérés et des barbares sur la terre, tant parmi les nations civilisées que chez les sauvages. Il est impossible, disions-nous, de supprimer d'un seul coup les armées de guerre, mais faisable de les remplacer progressivement par des armées pacifiques. J'entends déjà d'ici les ricanements du préjugé traitant mon idée de folle utopie. Et pourtant elle n'est point nouvelle, cette idée, et je ne la donne pas comme mon invention.

Il y a longtemps, en effet, que l'Armée du Salut l'a mise en pratique. Sa ferveur religieuse, fort extatique il est vrai, que personne, du reste, ne m'accusera de partager, mais dont une honnête impartialité m'oblige à souligner le dévouement, a déjà obtenu de grands résultats pratiques qu'il serait injuste de méconnaître. Une femme médecin, Mme Hilfiker, à Zurich, a proposé, il y a plusieurs années, d'établir une sorte de service militaire pour les femmes. Elle le fit pour répondre aux personnes qui prétendaient refuser aux femmes le droit de vote parce qu'elles ne sont pas astreintes au service militaire. Sur ce dernier point, on a déjà répondu avec raison que la maternité des femmes est, certes, un travail et un danger équivalant bien au service militaire. Mais il reste les femmes qui ne sont pas ou pas encore mariées et celles qui n'ont pas d'enfants ; c'était pour elles qu'était faite la proposition de Mme Hilfiker. Dans un article des « Nouvelles de l'Ordre pour l'action morale et sociale (I.O.E.K.) » (1), je suis revenu sur la question en y ajoutant quelques détails que je reprends ici.

Enfin, — « last not least » — les armées modernes nous donnent certains exemples qui montrent la voie à suivre. Lors de la destruction de Messine par un sisme, l'armée italienne est intervenue pour sauver, travailler et reconstruire. Partout, l'armée, les corps du génie en particulier, exécute des travaux divers, en temps de paix comme en temps de guerre. Actuellement, ne pouvant se contenter de marches et de contre-marches plus ou moins forcées, notre armée suisse mobilisée est employée le plus possible à exécuter des travaux de fortifications et autres. Tout cela prouve d'une façon patente qu'on peut employer une armée à autre chose qu'à tuer son prochain. Ce sont des faits symptomatiques auxquels je prie les lecteurs de bien réfléchir avant de préjuger la question.

En commençant (Ier article), nous avons cité les arguments des ennemis du pacifisme. Accordons-leur ici pleinement ce qu'il y a de bon, surtout dans une armée de milices, sinon dans la guerre. Elle oblige tous les citoyens sains du peuple à un service social après leur sortie de l'école, c'est-à-dire, dès 18 ou 19 ans, à cultiver l'esprit de discipline et de subordination, à s'entraîner à l'endurance, à l'endurcissement, aux intempéries, à la fatigue, à une couche dure, à une nourriture simple et à une saine camaraderie surtout là où, comme en Suisse, on ne fait de distinction ni entre riche et pauvre, ni entre noble et prolé-

---

(1) « Nachrichten des I.O.E.K. », Juli 1913 : « Krieg oder Völkerbund ? ».

taire. Or, toutes ces choses-là sont extrêmement nécessaires à l'homme naturel, toujours disposé aux abus de force et à la paresse, puis au luxe et à la mollesse, dès qu'il peut jouir sans travailler. En ce sens-là, l'armée est école admirable d'entraînement éducatif. On a pu le voir, m'a-t-on dit, dernièrement, surtout en France, où les riches fainéants et efféminés des lieux de luxe et de débauche ont été soudainement forcés par la guerre à changer leur genre de vie. Cela a du reste été un peu le cas dans tous les pays de l'Europe. Il suffit de réfléchir à ces choses pour comprendre à quel point de vue l'armée peut devenir une excellente école sociale et pacifique de travail, préparant à un bon socialisme futur dans le sens le plus élevé du terme.

L'armée pacifique doit donc être une continuation de l'école, plus spécialement dirigée vers l'éducation sociale, à l'exemple des principes des écoles nouvelles et surtout de ceux des éclaireurs. Ces derniers, du moins comme ils ont été mis en œuvre en Angleterre et en Suisse allemande jusqu'ici, peuvent aussi servir de modèle à l'organisation d'une armée pacifique. Mais avant tout il faudrait commencer par l'organisation des femmes en leur imposant un service pacifique obligatoire. Cela serait excellent pour leur santé et leur entraînement corporel et les détournerait de l'amour des colifichets et d'autres stupidités à la mode. Venons-en maintenant aux objets qui constituent l'utilité pratique d'une armée pacifique en dehors de son caractère éducatif. Ici encore, le système de la milice, comme il se pratique en Suisse, est infiniment supérieur aux armées permanentes, car il n'interrompt pas d'une façon néfaste la carrière du citoyen, homme ou femme, et ne jette pas le premier dans les bras destructeurs de la prostitution. Commençons par les hommes :

L'armée pacifique peut être employée en premier lieu pour toutes les constructions publiques de routes, des travaux dits du génie en général, de maisons ouvrières, d'usines, de ponts, de digues, de chemins de fer et de mille autres travaux analogues, sans oublier le service des pompes à feu, ni même celui des mines et des égouts. En second lieu viennent les travaux agricoles et horticoles servant d'une façon générale à aider aux agriculteurs. Citons, de plus, les travaux forestiers et ceux qui tendent à rendre cultivable d'une façon rationnelle les marais, les terrains incultes, les déserts et bien d'autres lieux. Il y a là, surtout dans les tropiques et dans les pays encore sauvages, mais même chez nous, en Europe, un programme immense à accomplir. Du même coup, on enseignerait aux futurs agriculteurs à sortir de leur atroce routine et à utiliser pratiquement les découvertes de la science. Il va sans dire qu'il s'agirait ici de constituer des divisions spéciales de travail pour chaque unité de troupe, afin qu'elle puisse s'entraîner en apprenant d'une façon sérieuse. C'est bien là que la hiérarchie militaire est une chose parfaite et sert à mettre chacun à sa place. L'aviation moderne et d'autres travaux dangereux pourront servir d'école à l'abnégation et à l'héroïsme. L'industrie fournira, de son côté aussi, suffisamment de travail social utile.

La maternité présente certaines difficultés du côté des femmes, du moins de celles qui se marient jeunes. Une dame m'a dit avec raison qu'il vaudrait mieux pour elles étendre la durée du service, peut-être à un an, et éviter ainsi ses répétitions futures. Ce sont là des questions à étudier plus spécialement. C'est pour les femmes que le travail manque le moins. Tout d'abord, le service sanitaire d'hôpital et de maternité est d'une utilité immense, pour elles-mêmes comme pour la société ; mais, en outre, comme elles sont très routinières de nature, elles pourraient apprendre une foule de travaux domestiques bien plus rationnellement qu'aujourd'hui, surtout les femmes du peuple : cuisine, ménage, lavage, travaux de couture, soins de l'enfance, etc. Une foule de travaux agricoles, horticoles, industriels, sociaux et autres, ressortent en outre autant du domaine des femmes que de celui des hommes.

On pourrait s'étendre encore longuement sur ce sujet, mais cela nous mènerait trop loin. Ce que j'ai dit suffit pour montrer clairement que l'armée pacifique comme je la comprends pourrait devenir une splendide école sociale pour tout le genre humain. Il va sans dire que, pour les deux sexes, il y aurait lieu d'adapter le système des milices aux besoins pratiques de chaque idée concrète mise à exécution.

Venons-en maintenant à l'organisation. Ici, je serai bref car, n'étant pas soldat, ce n'est pas ma partie. Je comprends la chose de telle façon que le moins possible, pour ne pas dire rien, ne soit changé à une bonne organisation actuelle de milices, à service pas trop prolongé, pour les hommes, du moins. Il s'agit simplement de remplacer le sabre, les canons, les baïonnettes et les fusils par les travaux sociaux sus indiqués. Les grades, la discipline, et les écoles militaires devront rester les mêmes en changeant seulement l'objet de leurs travaux. La division de ces derniers devra néanmoins devenir beaucoup plus considérable. Restent encore deux questions fondamentales :

Le budget de l'armée pacifique devrait être établi de telle façon que cette armée ne coûte rien à l'Etat, la solde de ses soldats, hommes et femmes, de même que leur entretien, devant être fournie par le produit des travaux accomplis. C'est là une question compliquée, je l'avoue, mais qui devra être résolue d'une façon équitable pour le plus grand bien de l'ensemble social. Quelqu'un a dit : « Impossible n'est pas français », c'est bien le cas de le dire ici ; de même que « vouloir c'est pouvoir ». Inutile de dire qu'aucune boisson alcoolique ne devra entrer dans l'entretien de l'armée pacifique, ce qui diminuera d'autant la dépense en augmentant le produit du travail. En un mot, le budget de l'armée devra être un budget coopératif fait pour le peuple entier. Le budget actuel de la guerre devra naturellement aider à la chose.

Reste enfin la question de la transition de l'état actuel à l'armée pacifique. Or, c'est précisément cette transition, si elle est lente, qui sera le meilleur moyen de faire peu à peu des expériences sans rien ébranler par une action subite. L'armée existe. Il s'agirait, pour commencer, simplement d'organiser peu à peu des divisions pacifiques spéciales. Pour les hommes, ce sera simple ; pour les femmes, par contre, il faudrait créer une organisation ad hoc, calquée sur celle des hommes, mais adaptée aux caractères particuliers de la femme.

Je termine. A mon avis, la difficulté fondamentale consiste dans la peur instinctive qu'a tout le monde d'entreprendre quelque chose de nouveau, surtout par terreur de l'ironie et de la moquerie. L'ironie est du reste presque toujours, de la part des moqueurs, un indice de lâcheté et de faiblesse. Que serait-ce, si les femmes, qui ont toujours brillé par leur élan dévoué pour l'idéal, donnaient ici l'exemple en demandant énergiquement, par pétition, aux Etats, de faire quelque chose dans le sens de l'armée pacifique? Elles pourraient commencer elles-mêmes, à l'aide d'une organisation libre, en utilisant pour cela un système coopératif qui leur permette d'équilibrer leur budget.

VI. Socialisme intégral

Sur pareil chapitre, je dois forcément être bref et renvoyer aux œuvres spéciales (1).

Le socialisme actuel et surtout le parti socialiste politique souffrent encore de maladies d'enfance dont il faut qu'ils se délivrent : l'anarchisme d'un côté et le dogmatisme de l'autre. Impulsif et irréfléchi, l'anarchisme, qui aspire à une liberté individuelle exagérée, est incompatible avec un socialisme possible à l'égoïsme naturel de la bête humaine. A l'aide des théories d'un Kropotkine, il jette inconsciemment la bonté d'un Elisée Reclus dans la gueule des apaches amoraux du genre d'un Garnier ou d'un Bonnot qui se parent de son nom : « libertaires ». En sens in-

(1) Louis Blanc : « Organisation du travail », 1840; Karl Marx : « Le capital », 1867-94 ; Emile Vandervelde : « Le collectivisme et l'évolution industrielle », 1904 ; Georges Renard : « Le régime socialiste ; principes de son organisation politique et économique », 1905 ; Rudolf Goldscheid : « Höherentwicklung und Menschenökonomie ; die Grundlegung der Sozialbiologie », Leipzig 1911 ; Kropotkine : « Paroles d'un révolté » ; « Dans les prisons russes et françaises » ; « A la recherche du pain » (anarchisme) ; A. Forel : « Pensée, liberté et socialisme », Lausanne 1912 (« Libre Pensée », Louve 4).

verse, un marxisme exclusif, étroit et dogmatique, poussant le peuple à la haine et à l'envie, bien plus marxiste que Marx lui-même, décrétant une barrière infranchissable entre l'ouvrier et le bourgeois et ne connaissant que ses règles de parti, devient forcément autocratique et personnel, tombant ainsi, par l'autre excès, dans des torts analogues.

Rien n'est plus loin de ma pensée que de méconnaître la nécessité absolue d'un parti politique socialiste, comme parti de lutte ; encore moins les œuvres qu'il a faites et son excellente organisation. Mais il faut à sa tête des hommes comme par exemple Emile Vandervelde ou Adler, doués d'un esprit aussi élevé que dévoué et large, dépourvu de l'étroitesse, des ambitions, des vanités, des haines et des envies personnelles, en un mot des faiblesses néfastes qui déparent et faussent les nobles tendances d'un vrai socialisme intégral, c'est-à-dire humanitaire dans le grand sens du terme. Il ne faut plus que certains fanatiques bornés puissent, au nom du parti, faire du bourgeois une espèce spéciale tarée de tous les vices et du prolétaire une idole douée de toutes les vertus.

Il faut avant tout exécuter du travail positif en s'associant à tous les petits paysans et agriculteurs, sans mépriser les petits bourgeois et patrons travailleurs, exploités eux-mêmes par le grand capital, et constituer ainsi de haute lutte une forte coopérative mondiale contre tous les exploiteurs de l'homme par l'homme. Les premiers chrétiens furent de vrais socialistes, quoique croyant, comme aujourd'hui l'Armée du Salut, à une vie future. Le christianisme moderne n'est bien souvent qu'un formalisme arriviste mettant son dieu au service du pouvoir et des empereurs. Il faut que le socialisme futur, mû par un enthousiasme aussi grand que celui des premiers chrétiens, mais évitant de baser son œuvre sur l'espoir d'une vie à venir, se dévoue et se sacrifie pour tous les descendants de l'humanité d aujourd hui sans se séparer en caste à part.

Il s'agira de supprimer les privilèges de naissance et d'argent. Mais on ne pourra enlever à personne ni le privilège d'une bonne hérédité, ni l'acquis d'un bon travail. Il faudra que le socialisme en tienne compte, ainsi que de l'eugénisme. La formule un peu simpliste de l'offre et de la demande ne suffira plus. Sans doute, les travaux de mineurs et de vidangeurs devront être mieux rétribués que ceux de simple et facile couture ; mais il faut aussi tenir compte de l'effort intelligent qui crée les découvertes scientifiques, mathématiques ou artistiques, alors même qu'on ne le demande pas plus qu'on ne le commande. Une lèpre de nos études modernes sont nos examens, basés, hélas ! surtout sur la mémoire. Il s'agira de distinguer trois choses pour bien juger des vraies qualités d'un candidat, avant de lui donner un diplôme valable : 1. la simple érudition plagiaire (mémoire), qui use et souvent abuse du travail des autres ; 2. l'imagination, créatrice des découvertes dans la science et dans l'art ; 3. la critique expérimentale et inductive vraiment scientifique, qui seule est capable de distinguer le vrai du faux dans les travaux des deux précédentes. Il faudra qu'on puisse appliquer autant que possible une mesure juste et impartiale dans la rétribution des efforts vraiment fertiles du travail humain. La part des arrivistes plagiaires est aujourd'hui décidément trop immense.

Une tâche urgente consiste dans l'alliance complète nécessaire entre le socialisme industriel et le travail agricole. Leur lutte actuelle est néfaste. Il ne faut pas que le travail industriel fasse concurrence au travail agricole, ni que l'inverse ait lieu. Pour cela, il s'agit d'entrer résolument dans les campagnes et d'organiser une coopération universelle et harmonique entre l'industrie et l'agriculture. C'est là une tâche immense et très ardue, mais inéluctable et de la juste solution de laquelle dépendent le succès et l'avenir du socialisme. C'est bien plus par des enseignements honnêtes et véridiques sur leurs vrais intérêts et par la bonté, que par la haine exclusiviste de parti, qu'il gagnera les paysans comme les petits bourgeois et patrons à sa juste cause.

La coopération du travail est, on le sait, le nœud même du socialisme. C'est par elle avant tout qu'on doit combattre le capitalisme. Et pour cela il faut harmoniser la coopération agricole comme la coopération industrielle, tant pour la consommation que pour la production, tant pour l'achat que pour la vente des produits. Les coopératives de consommation ont fait, heureusement, déjà des progrès immenses, mais il faut qu'elles se gardent comme du feu de tomber elles-mêmes dans un capitalisme partiellement collectif, en intéressant trop leurs membres par l'appât du gain. Il faut aussi qu'elles se gardent d'équilibrer leur budget à l'aide des boissons alcooliques, qui viennent vicier toute l'organisation en ruinant la santé du peuple que le socialisme devrait avant tout sauvegarder. Les coopératives de production qui, elles, doivent à l'avenir remplacer le capitalisme, sont actuellement encore dans un état embryonnaire, hérissées qu'elles sont de dangers et de difficultés. Comme modèle à cet égard, on peut citer feu Abbé et la Société qu'il a fondée à Iéna, dite Société Abbé. Elle est partie à l'origine de la grande fabrique de microscopes « Zeiss », et M. Paul Trenn, Tiefurt 7 près Weimar (Allemagne), peut fournir à son sujet tout renseignement désirable. Il faudrait pouvoir multiplier la Société Abbé dans le monde entier. L'avenir est donc, à mon avis, à une coopération universelle agricole et industrielle de consommation et de production, jointe à une coopération scientifique et artistique. Tel devra être le socialisme intégral.

A la fin de mon livre sur la question sexuelle, j'ai cité la phrase suivante, écrite en 1874 par Frédéric-Albert Lange :

« L'Epoque nouvelle qui se prépare ne pourra vaincre que sous la bannière d'une grande idée qui balaiera l'égoïsme et viendra placer le perfectionnement humain dans une société coopérative humaine, comme but nouveau à atteindre en lieu et place de notre travail fiévreux qui n'a en vue que l'intérêt personnel. »

Paraphrasant moi-même la phrase bien connue de Thiers, j'ai dit autrefois : « Ou le socialisme sera moral, ou il ne sera pas. » On peut aller plus loin encore et dire que le terme « moral » doit devenir plus ou moins synonyme du terme « social ».

L'accent aigu du socialisme intégral devra porter sur l'éducation sociale de l'enfance. En Autriche et ailleurs, on a avec raison décrété l'abrogation de la puissance paternelle ou maternelle chez les parents indignes qui abusent de leurs enfants ou les maltraitent. Mais il faudra employer plus tard le budget de la guerre avant tout à l'éducation morale de l'enfance, selon les principes des écoles nouvelles citées plus haut, transformées en demi-externats et adaptées ainsi à toutes les villes et à tous les villages. Je renvoie ici aux écrits de Lietz, Ferrière, Reddie et autres, ainsi qu'aux principes directeurs de l'Ordre pour l'action morale et sociale (I.O.E.K.), qu'on peut obtenir pour 25 centimes à l'adresse de M. Maurice Joyet, conseiller communal, chemin Vinet, Lausanne (Suisse). On ne peut assez imprégner l'enfance, dès l'abord, de ses devoirs sociaux, ni l'entraîner trop tôt par l'habitude à les remplir.

Inutile d'ajouter, pour terminer, que le socialisme doit supprimer tous les titres, décorations, ordres et autres instruments indignes des potentats exploitant la vanité des hommes au profit du servilisme, tout comme la mégalomanie nationale est excitée par les chauvinismes nationaux (panslavisme, pangermanisme, panromanisme, panislamisme, panmongolisme). Je n'excepte pas même beaucoup de titres dits scientifiques (lauréats, prix, titre de docteur, d'honoraire et autres) qui rentrent en grande partie dans la même catégorie.

Peu avant la guerre actuelle, Rod. Goldscheid écrivait (1) que la concurrence sans entrave des nations transforme le capitalisme en impérialisme, lui permettant ainsi d'acquérir de nouvelles positions, plus fortes que jamais, contre la montée internationale de la classe ouvrière qui le menace. Son cri contre le danger de l'ennemi extérieur lui permet, à l'aide du patriotisme nationaliste, de concentrer en ses mains une puissance immense dirigée en fin de compte contre SON « ennemi intérieur », le socialisme.

---

(1) Rod. Goldscheid : « Le rapport de la politique extérieure avec la politique intérieure », Vienne, Frs. Suschitzky, 1914 (en allemand).

VII. L'alcool et les narcotiques, ennemis de l'humanité

En effet, en divisant les hommes entre eux, l'alcool, en digne César, règne sur eux : Le sujet est immense. Je renvoie aux divers travaux (1) pour ne donner ici qu'un bref catalogue des faits scientifiques et des statistiques, qui prouvent clairement que toute boisson alcoolique et tout narcotique est un poison social plus encore qu'individuel. Pour nous, en Europe, c'est surtout l'alcool, en Chine l'opium, en Orient le haschisch qui jouent le grand rôle. La série des narcotiques chimiques modernes : morphine, cocaïne, chloral, véronal, etc., vient encore s'ajou-

---

(1) G. v. Bunge : « La question de l'alcool » ; dépôt de la Ligue antialcoolique, Bâle, Missionsstrasse 36.
A. Forel : « La Boisson dans nos mœurs » ; même éditeur.
Otto Lang : « Alkohol und Verbrechen » ; même éditeur.
Ed. Bertholet : « Action de l'alcoolisme chronique sur les glandes reproductrices » ; Ed. Frankfurter, éditeur, Lausanne.
A. Forel : « Comme quoi l'alcool n'est pas un aliment » ; même éditeur.
Ed. Bertholet : « Petit atlas manuel des altérations anatomo-pathologiques dans l'alcoolisme chronique » ; Giesser & Held, imprimeurs-éditeurs, Lausanne.
Matti Helenius : « Die Alkoholfrage » ; Iena, Gustave Fischer, éditeur.
Pfleiderer : « Bilderatlas zur Alkoholfrage » ; Mimirverlag, Stuttgart.
Jules Denis : « Manuel de tempérance » ; Genève.
G. v. Bunge : « Les sources de dégénérescence » ; Grande Loge Suisse O.N.B. ; J. W. Schwab, Roggwil (canton de Berne), éditeur.
A. Forel : « Der Mensch und die Narkose » ; même éditeur.
A. Forel : « L'Ordre indépendant neutre des Bons Templiers, un réformateur social » ; même éditeur.
G. Davidsohn : « Das Braukapital und seine Knappen. Dokumente und Tatsachen » ; Verlag Deutscher Arbeiter-Abstinenten-Bund, Berlin S. W. 16 Engel Ufer.

ter au mal d'une façon de plus en plus inquiétante par ses effets sociaux analogues. Je me bornerai ici à l'alcool.

L'ALCOOLISME AIGU, c'est l'ivresse à tous ses degrés ; sa date est très ancienne. L'ALCOOLISME CHRONIQUE est beaucoup plus moderne et bien plus dangereux, car il mine sourdement la santé du cerveau et de tout le corps, même chez des gens qu'on n'a jamais vus ivres. Il varie tant, suivant les constitutions individuelles, qu'on ne peut distinguer un usage de l'alcool prétendu modéré de l'abus, qu'il s'agisse de bière, de vin ou d'eau-de-vie. Par une intoxication graduelle cachée, que j'ai appelée blastophthorie (1) des germes reproducteurs dans le corps de leur porteur, homme ou femme, l'alcool les avarie à chaque degré, de façon à produire toutes les sortes possibles de dégénération de la race humaine chez les enfants des alcoolisés. Dans les cas les plus forts, il tue le germe ; quand la mère, enceinte ou nourrice, est buveuse, il nuit en outre à l'embryon ou au nouveau-né (preuves: voir Bertholet l. c.).

Il est prouvé (Kræpelin, Laitinen, etc.) que :

a) Des doses dites modérées, correspondant à deux chopes de bière ou à deux verres de vin par jour, moins même, suffisent à produire une faible dégénérescence des descendants et des troubles mentaux ralentissant le travail intellectuel chez l'individu qui les boit. La modération, qu'on prône tant, mène beaucoup d'hommes à l'abus par sa néfaste habitude. Ce ne sont pas toujours ceux qu'on voit ivres qui souffrent le plus. J'ai vu tant de gens, même des collègues distingués,

(1) Du grec : Détérioration des germes.

mourir de maladies de cœur et autres dues à l'alcoolisme chronique, et cela sans, longtemps, s'être doutés de la cause de leur mal !

b) Chez nous, en Europe, bien plus de la moitié des crimes sont dus à l'alcoolisme, surtout à l'ivresse. C'est prouvé par les statistiques les plus complètes et les plus sérieuses. Sous l'influence de l'alcool, la bête humaine redouble de férocité ; elle tue parfois même ses amis de tout à l'heure, sa femme et ses enfants. Les cruautés bestiales dont on fait maintenant tant de bruit, sont presque toutes dues à l'influence de l'alcool, aujourd'hui plus encore qu'autrefois. Le sadisme du combat devient hideux chez l'homme ivre. Dans la guerre actuelle, au lieu d'accuser l'ennemi de commettre des horreurs, qu'on en accuse avant tout l'alcool.

c) Une foule de cas de folie et de suicide sont dus à l'alcoolisme chronique. L'ivresse est elle-même une courte folie, et la blastophthorie rend une foule de descendants d'alcooliques fous, déséquilibrés ou amoraux, et, par là, criminels.

d) Les statistiques des sociétés d'assurance sur la vie prouvent que la mortalité des abstinents d'alcool est presque de 29 % plus faible que celle des buveurs plus ou moins modérés, c'est-à-dire que les abstinents vivent en moyenne au moins dix ans plus longtemps. Il en est de même de la morbidité. Les non abstinents ont en moyenne trois fois moins de jours de maladie que les buveurs modérés et immodérés réunis.

e) L'usage de l'alcool ralentit le travail et diminue la force plus on boit. Une petite augmentation initiale de 20 à 30 minutes, suivant le début modéré de la boisson, est très vite compensée par le bien plus grand affaiblissement subséquent de la force musculaire. Le travail intellectuel est entravé d'emblée, de même que sa précision et sa qualité.

f) A force de sophismes, on a doctement prétendu que l'alcool était un aliment parce que, brûlant dans le corps humain en se décomposant, il y produit de la chaleur. Ce dernier fait est vrai ; mais un aliment qui paralyse et détériore par intoxication la machine humaine fait à peu près comme du soufre dont on chaufferait une locomotive, qu'il rouille en la poussant. Un aliment qui coûte si cher et qui ruine la santé n'est pas un aliment-force, mais un aliment-farce; qu'on excuse le jeu de mots. Le travail des abstinents est là pour le prouver.

g) Reste enfin la jouissance de l'ivresse ou du goût. La première est toxique et la seconde résultat de l'habitude, car pour l'abstinent l'alcool a mauvaise odeur et, partant, mauvais goût. Je puis le certifier après 28 ans d'abstinence totale, suivant 38 ans de boisson dite modérée, de la nocivité de laquelle je ne me suis aperçu qu'à 39 ans. Mais ce qui est certain, c'est que, tout en déliant les langues, qui débitent alors des banalités, l'euphorie momentanée produite par le jus « divin » de la treille et par ses acolytes est une des grandes causes qui font boire, vidant ainsi la poche du client et remplissant celle du cabaretier.

Le résultat du tout est une ruine des individus, comme des nations; des forces humaines et de la santé, comme du travail produit, au profit d'une classe spéciale, celle des grands producteurs de l'alcool et de ses petits débitants. Ces derniers sont, du reste, sous la dépendance des premiers. La fabrication de la bière, du vin et de l'eau-de-vie emploie du terrain et détruit des produits alimentaires qui serviraient à nourrir des millions d'hommes, tandis qu'aujourd'hui ils ne servent qu'à les affaiblir, à les rendre malades, fous ou criminels, à les diviser ou même à les tuer. Tel est le bilan de la production alcoolique.

Le capital alcoolique, grand et petit, exploite donc à son profit la liberté du trafic à l'aide de l'euphorie produite par la boisson. Aussi, voit-il avec fureur les progrès modernes de l'abstinence d'alcool et use-t-il de tous les moyens, même les plus subversifs, pour la combattre à l'aide d'une presse qui lui est vendue, ou qui est dominée par les cabarets et le grand capital de l'alcool. Le mouvement abstinent représente donc la lutte humaine, sociale et désintéressée de personnes conscientes du mal contre la pire des exploitations capitalistes qui ruine, outre le travail, la santé des individus et de la société. On peut donc bien dire que LA LIBERTÉ DE BOIRE ENGENDRE L'ESCLAVAGE DE L'HOMME.

Ce qui est triste, c'est de voir tant de médecins fermer les yeux sur la grave question de l'alcool, quelques-uns par intérêt, beaucoup par indifférence et pas mal par lâcheté. Plusieurs deviennent eux-mêmes victimes de l'alcoolisme. Quelques-uns sont assez honnêtes pour avouer « entre quatre yeux » que les moqueries dont ils accablent leurs collègues abstinents ne servent qu'à voiler leur propre faiblesse et leur propre incapacité de se résoudre à quitter leur chère et néfaste habitude. Comme les morphinomanes et les fumeurs, ils dénigrent le bien pour s'excuser et donnent à boire pour pouvoir boire eux-mêmes. Ils appliquent ainsi la plus terrible des gifles à l'hygiène individuelle et sociale qu'ils devraient défendre.

Après s'être enfin ressaisie, en février 1914, et avoir commencé à combattre elle-même les suites néfastes de son monopole alcoolique, la Russie vient de donner au monde un exemple unique en son genre en fermant définitivement tous ses propres débits de l'eau-de-vie gouvernementale et en interdisant la vente du vin et de la bière dans tous les cafés et restaurants populaires (la haute volée est exceptée) dès le début de la guerre... Je renvoie à ce propos au numéro du 31 octobre 1914 de la «Voix de l'Humanité». Voilà plus de quatre mois que la chose dure et qu'on l'applique fidèlement. Aussi, les crimes ont-ils diminué du 60 au 90 % en Russie et la conduite des Russes dans la guerre est-elle exemplaire, au contraire de ce qu'on attendait d'un peuple asservi jusqu'ici par l'autocratie et composé en grande partie encore d'analphabets. Certes, si nous n'arrivons pas à suivre bientôt l'exemple de la Russie, il faudra en conclure, hélas ! que notre volonté est déjà bien avachie et alcoolisée. Espérons que le tsar comprendra enfin que non seulement l'abstinence doit durer après la guerre, mais qu'elle doit être combinée à de larges libertés accordées à toutes les nationalités qui peuplent ses vastes Etats.

Je conclus en adjurant nos compatriotes suisses de faire enfin, chacun individuellement, un premier essai d'abstinence totale pendant trois à six mois et, s'ils s'en trouvent bien, de continuer et de s'enrôler dans une société, par exemple celle des Bons Templiers neutres, sous le drapeau de l'abstinence. Je prie en outre chacun de travailler, dans le domaine politique, à l'option locale, c'est-à-dire à obtenir pour chaque commune, à l'aide d'un vote des hommes et des femmes, la souveraineté d'interdire ou de permettre tout débit de boissons alcooliques sur son domaine. Ainsi, chaque localité pourrait, comme en Norvège et aux Etats-Unis, faire elle-même ses expériences vraiment démocratiques et serait libre de se débarrasser de la tyrannie du capital alcoolique, si elle le veut. Actuellement, un impôt sur la bière serait fortement à désirer pour notre budget, malade de la guerre.

VIII. Nos races civilisées

Les savants:
... Ils vont analysant les choses,
Creusant, disséquant, compulsant,
Plongés dans l'océan des causes,
Sondant l'être après le néant.
Mais un beau jour l'amour s'en mêle...
Auguste DAPPLES.

A propos de l'alcool, nous avons parlé de la dégénérescence blastophthorique de la race humaine, et, à propos des colonies, des races inférieures. La question des races appartient à la science anthropologique. Mais, comme il s'agit ici de nous-mêmes, les passions, la haine comme l'amour, s'en mêlent et troublent souvent la vue de bien des savants vrais ou faux, attisées qu'elles sont par la suggestion, toujours imaginative, par la vanité et par le préjugé, joints à la spécialisation excessive. C'est ainsi que certains savants, au lieu d'analyser, de creuser et de compulser les faits honnêtement et sans préjuger, ont échafaudé sur les races une théorie très moderne, aussi sophiste que superficielle, à l'usage de leurs tendances nationales. Par leurs vues actuelles pernicieuses d'hégémonie universelle, les savants pangermanistes tiennent momentanément le record du genre. Espérons que d'autres ne viendront pas le leur disputer. Ils cherchent et trouvent des Germains et du germanisme souvent partout ailleurs que là où ils sont.

Afin que personne ne puisse m'accuser de partialité, je me baserai sur un livre de 1170 pages, aussi profond et sérieux qu'érudit, écrit par un Allemand, le professeur Dr Rudolf Martin : «Lehrbuch der Anthropologie», Iena, G. Fischer, 1914. Hæckel avait divisé l'homme en cinq espèces et douze races, sans parler de beaucoup de variétés. Ce système est absolument insoutenable, vu le simple fait du métissage indéfini des races humaines encore vivantes. Laissant de côté le PITHECANTHROPUS, qui est plutôt plus rapproché d'un singe supérieur que de l'homme, Martin admet comme assez probable que l'homme fossile, dit du Neanderthal, retrouvé, depuis, plusieurs fois ailleurs, soit un ancêtre de nos races actuelles vivantes de l'HOMO dit SAPIENS par Linné. Avec G. Retzius, il croit encore pouvoir le considérer comme espèce fossile primitive, disparue aujourd'hui.

Quoi qu'il en soit, l'Homo sapiens Linné est la seule véritable espèce d'homme vivant actuellement. Elle se compose seulement de races et de variétés plus ou moins fécondes entre elles. D'après Retzius, trois sous-variétés de l'HOMO SAPIENS VARIETAS EUROPEA font actuellement partie de la faune propre de l'Europe : la sous-variété EUROPEA sens strict (germaine), la sous-variété ALPINA (slave) et la sous-variété MEDITERRANEA (latine).

Les termes de race ou sous-espèce, et même en partie celui de variété, désignent les différences plus profondes qu'on observe chez les nègres, les Australiens, les Mongols, les Polynésiens et autres. Ceci concorde fort bien avec les études spéciales que j'ai faites moi-même sur les espèces, races et variétés des fourmis et sur celles qu'on fait partout dans le domaine des sciences naturelles.

Mais, tandis que la sélection naturelle et surtout l'hérédité extrêmement lente des caractères acquis pendant des centaines de milliers d'années au moyen de l'engraphie sensorielle de l'ambiance (par la voie des cellules germinatives) sur la mnème héréditaire (Semon) tendent à différencier de plus en plus les variétés et races pour en faire peu à peu des espèces stables, le métissage, au contraire, tend à les mêler et à les confondre. Or, les moyens modernes de communication augmentent de plus en plus rapidement le métissage déjà préhistorique des races et des variétés humaines, du moins en ce qui concerne les civilisés. Il s'agit là d'une force élémentaire que rien ne pourra plus arrêter et qui, par sa rapidité croissante, annule même celle de la mnème héréditaire et plus encore celle de la sélection naturelle. Du reste, cette dernière a déjà presque complètement cessé chez nous. Elle ne pourra être remplacée d'une façon efficace que par la sélection artificielle de l'eugénisme. Il devrait donc sauter aux yeux, même des plus prévenus, que vouloir lutter, en Europe, contre le métissage de nos sous-variétés est d'une complète absurdité. Ceux qui la préconisent oublient que l'époque où les clans de l'homme primitif étaient séparés les uns des autres par des distances de quelques lieues seulement, ne peut plus réapparaître au milieu des chemins de fer, des télégraphes et des aéroplanes. Or, c'est à ces antiques époques que, par séparation locale et par sélection, se sont différenciées les races et variétés actuelles.

Pour ne compromettre personne d'autre, je cite ma propre famille. Né d'un père vaudois et d'une mère française, j'ai épousé une Allemande, après avoir été à Munich. Trois de mes enfants sont mariés : une fille à un Allemand du Nord, une autre à un Anglais, mon fils à une Lettonne. Ces trois unions sont suites de connaissances qui sont dues elles-mêmes à des voyages. Qui empêchera de pareils faits ? Certainement pas les pangermanistes, ni aucun patriotisme national.

Quand les Vaudois fêtent les célèbres victoires des Suisses à Grandson et à Morat, ils ont déjà oublié, paraît-il, qu'ils étaient alors les soldats du vaincu, le duc de Bourgogne.

En 1907, j'ai écrit ce qui suit :

« Drôle de chose que ce patriotisme qui se retourne en tout sens, comme une anguille, et s'accommode à toutes les sauces. Les plus chauvins des Français ne sont-ils pas les Allemands nés en France ou y ayant longtemps séjourné ? Les plus féroces des antisémites ne sont-ils pas souvent les juifs baptisés et les demi-juifs ?... On a prétendu que le patriotisme chassait de race et tenait à la communauté du sang. Quelle absurdité ! Ne voyons-nous pas les Yankees, les Américains du Nord, ce mélange hétérogène de toutes les races du monde, chez lequel le sang anglais, irlandais, français, allemand, slave, scandinave, juif, italien et même indien a constitué une hybridation ethnique inextricable, se pavaner aujourd'hui d'un patriotisme américain aussi chauvin et aussi exclusif que celui des Tchèques, des Hongrois ou des Basques ? Et les Hongrois, si fiers de leur nom et de leur patriotisme magyar!

Quand nous les étudions de près, nous trouvons chez eux tout un mélange de Juifs, de Slaves et d'Allemands magyarisés, si bien qu'on cherche souvent en vain un vrai type magyar à Budapest ! »

Toute autre est la question des races décidément inférieures, dont nous avons parlé à propos des colonies (voir art. III). Leurs caractères sont si notoires qu'on ne peut les confondre et qu'ici un métissage peut être encore empêché ou arrêté, comme on le voit aujourd'hui aux Etats-Unis. Or, ce sont précisément les mulâtres et autres mêlés de sang inférieur qui, par leur défectuosité, ne peuvent se maintenir à la longue comme variétés hybrides viables et retombent dans l'une des races primitives. Ils constituent un métissage décidément mauvais. Par contre, chez les produits dus aux mariages entre Latins, Germains et Slaves et même chez ceux entre Ariens, Sémites et Mongols, on n'a jusqu'ici rien constaté qui fût mauvais ou inférieur. Bien au contraire, tout ce qu'on observe sur pareils produits paraît être très bon et fort et encourager bien plus à leur mélange qu'aux unions consanguines. Celles-ci mènent trop souvent à des concentrations de dégénérescence, dues surtout à des vices familiaux, la consanguinité, par elle-même, étant très peu dangereuse, vu les lois qui interdisent les mariages entre parents trop rapprochés. Les Juifs ont conservé relativement des caractères assez particuliers, les bons comme les mauvais, mais cela n'a été possible que grâce aux persécutions dont ils ont été l'objet et au talmudisme de leur religion, circonstances occasionnelles qu'on aurait grand tort de confondre avec la question du mélange des races. Le métissage de sang juif donne d'excellents produits. A ce propos, je recommande le livre allemand de Jacob Fromer : « Ghetto-Dämmerung » ; Schuster und Lœffler, Berlin et Leipzig, 1911, qui révèle des dessous très importants de la question. Je renvoie enfin à l'expérience que j'ai proposée dans mon article III (Colonies).

Le jour où, pour les humains civilisés ou civilisables, on aura réussi à débarrasser la question de tous les facteurs acquis, dus à l'éducation, à l'instruction, au milieu, à la langue et à la religion, ainsi que de ceux qui sont dus à l'hérédité familiale des individus (surtout à celle des dégénérescences), ce qui restera en fait d'hérédité des races et des variétés, surtout en Europe, sera bien peu de chose. Et ce peu de chose équilibrera les variétés de telle façon qu'aucune d'elles n'aura droit à une hégémonie spéciale sur les autres. Telle est ma conviction intime, basée non pas sur des tendances préconçues, mais sur de longues études scientifiques, tant sur la biologie et la psychologie humaine que sur la biologie animale, comparée à elle.

Je termine donc mes courtes remarques en protestant avec la plus grande énergie contre toute prétention hégémonique d'une des nations civilisées actuelles sur les autres. C'est là de la mégalomanie humaine aussi pure qu'ancestrale, datant des vieux instincts dominateurs de la bête féroce ; peu importe que cette mégalomanie soit pangermanique, japonaise, anglaise ou latine. Je n'entends pas dire par là qu'il faille imiter certain brahmane qui voulait se jeter dans la gueule d'une tigresse parce que « la pauvre bête avait si faim ». En parlant des colonies et des races inférieures, j'ai dit au contraire comment il faudra faire à l'avenir pour éviter le danger de l'envahissement de ces dernières. Nous y reviendrons à propos de l'eugénisme, par lequel, comme par l'éducation, il s'agira de lutter contre la férocité humaine naturelle.

IX. La langue internationale

Si nous voulons obtenir la paix universelle et une fédération des Etats civilisés sur la terre, la compréhension mutuelle des peuples est de première nécessité. Plus encore que les races et même que les confessions, la diversité des langues divise les hommes. Or, la disparition croissante de l'analphabétisme transforme de plus en plus d'anciens patois en langues écrites avec leurs littératures propres, par exemple le letton, le flamand, le serbe, le bulgare, le grec moderne (du reste épuré de nouveau) l'arménien, le slovaque, etc., etc., sans parler des langues sino-japonaises. Personne, aujourd'hui, ne peut plus les connaître toutes. En sens inverse, l'augmentation croissante des relations entre les peuples, rend la tour de Babel actuelle de plus en plus insupportable.

Le problème d'une langue de compréhension internationale n'est plus nouveau ; la chose elle-même s'impose de plus en plus. On a parlé de l'anglais. Mais aujourd'hui moins que jamais les autres nations ne voudront laisser dominer leurs pensées par celle d'une nation actuelle quelconque et de sa langue. Puis l'anglais est la langue la moins phonétique du monde, sans parler de ses autres défauts. Toutes les langues vivantes actuelles souffrent d'inconséquences et de difficultés absolument inutiles. C'est pour cette raison qu'on a eu recours à une langue artificielle. A ce mot, la philologie s'est indignée et le préjugé s'est regimbé avec fureur prétendant que c'était « impossible ». On a invoqué la race et le génie des nations ; on a prétendu que les langues devaient être « naturelles ». En réalité, rien n'est artificiel comme le hasard qui détermine les termes et leur usage. La simple plaisanterie d'un individu donne parfois naissance à un terme que l'usage consacre plus tard. Le soleil est masculin en français, féminin en allemand ; la lune, le contraire. Pourquoi ? Du reste, il ne s'agit pas de remplacer les langues actuelles, mais simplement d'en former une facilement compréhensible pour tous.

Schleyer débuta avec son volapük, aussi difficile qu'incompréhensible dans ses mots ; il s'éteignit comme de juste. Basé sur les racines latines et grecques les plus usitées partout, jointes à la plus grande simplicité de structure phonétique, grammaticale et syntactique, l'espéranto du Dr Zamenhoff a par contre réussi (la mondolingue de J. Lott et d'autres essais, rationnels aussi, n'ont pas percé). Triomphant du préjugé, l'espéranto se parle maintenant aisément ; il est de plus fort harmonieux. Même les Anglais arrivent à le prononcer d'une façon compréhensible pour chacun. Ayant assisté moi-même au congrès espérantiste de Genève, je parle en connaissance de cause. Le dernier venu, l'Ido, voulant réformer l'espéranto, a laissé en partie sa plus grande faute, c'est-à-dire son alphabet. La concurrence et la jalousie des deux langues est d'autant plus déplorable qu'une fusion serait facile avec un peu de bonne volonté.

A mon humble avis, le défaut capital de l'espéranto et même de l'ido, c'est qu'ils ont changé l'alphabet latin pur et simple, qu'il était facile de conserver tel quel. L'alphabet latin est employé partout, dans les sciences mathématiques et naturelles, en chimie, dans le chiffrage, etc. Vouloir le changer sans raison péremptoire est une faute impardonnable. Il suffit de changer la signification de quatre ou cinq lettres latines, inutiles parce qu'elles font double emploi, et de partir du principe suivant : 1. Une seule lettre pour un seul son ; 2. pas de lettre spéciale pour les sons doubles. L'espéranto a 7 lettres inutiles ou remplaçables :

1. c espéranto = ts.
2. ĉ » = tch.
3. ĝ » = dj.
4. ŝ » = ch (à remplacer par une lettre simple).
5. ŭ » = inutile.
6. ĵ » = g (comme dans gens).
7. ĥ » = (comme l'x espagnol et les h et k arabes).

L'ido a 4 lettres ou sons inutiles ou remplaçables :

1. c = ts (tsar).
2. ch = tch (tchèque).
3. j = dj (adjectif).
4. sh = ch (cheval).

L'espéranto et l'ido ont eu le tort de supprimer l'u français (ü allemand). On a besoin de 6 voyelles : a e i o ou (u allemand) et u (français). Pour les lettres espérantistes c, ĉ, ĝ, il suffit d'écrire ts, tc (voir plus bas) et dj. Ici, il faut que je fasse une remarque.

En français, les lettres p, t, k, f, s (comme

dans sage) et le son ch (comme dans cheval) correspondent exactement aux lettres b, d, g (comme dans gare), v, s (comme dans genèse ou z, comme dans zèbre) et g (comme dans léger), avec la différence que les six premières consonnes se prononcent avec les lèvres, la langue et le gosier, sans aucune participation du larynx, tandis que, dans les six dernières, les cordes vocales entonnent un son d'abord contenu AVANT de lâcher la consonne. Celle-ci en paraît plus douce, mais il suffit de réfléchir et de prononcer soi-même pour s'assurer que le ton, prononcé par le larynx, contenu en même temps dans la gorge et déclanché seulement un peu par le nez, cause seul la différence entre p et b, t et d, f et v, etc.

En employant la lettre c (double inutile du k) pour la consonne simple ch (dans cheval) et quelques autres lettres inutiles pour d'autres sons simples ; en décomposant les consonnes doubles en les lettres dont elles se composent, on peut conserver comme suit l'espéranto ou l'ido tels quels, sans rien ajouter ou supprimer à l'alphabet latin :

a = a français.
b = b »
c = ch » (comme dans « chose »).
d = d »
e = e »
f = f »
g = g » (dans «grand» = k avec son).
h = h » (aspiré).
i = i »
j = g » (dans « gens », ou j français dans « jeux »).

k = k français.
l = l »
m = m »
n = n »
o = o »
p = p »
q = y » (dans les « yeux » ou allemand dans « jetzt »).
r = r français.
s = s » (dans « sage »).
t = t »
u = ou » (italien et allemand : « u »).
v = v »
w = ? (on pourrait l'employer pour le «th» anglais ou, si l'on préfère, pour le « ö » allemand ou « œ » français dans « œuf »).
x = x espagnol dans « Ximenes » (l'x français est inutile = ks).
y = u français (ü allemand).
z = z » (dans « zèle » ou « s » avec son, comme dans « oser »).

Il suffirait qu'un gouvernement veuille bien décréter l'enseignement obligatoire d'un espéranto fusionné avec l ido, à l'aide d'un comité national ou international à nommer, tout en exigeant l'emploi inchangé de l'alphabet latin, pour que d'autres gouvernements le suivent. La difficulté serait ainsi facilement surmontée et un grand pas serait fait vers l'entente internationale. Il va sans dire qu'il faudrait instituer une académie spéciale pour la langue internationale afin de la compléter tout en la réformant et en l'unifiant. Le gouvernement qui se déciderait à prendre l'initiative de la chose ferait une œuvre magistrale pour le bien de l'humanité.

X. L'eugénisme ou sélection humaine

Sur cette grave et importante question, je renvoie à sa bibliographie (1). C'est à Francis Galton qu'on doit le nom d'eugénisme et l'idée d'appliquer à l'humanité la découverte fondamentale de Darwin, dont il fut l'émule.

Il y avait déjà longtemps que Malthus (1766-1834) avait écrit son célèbre livre « Essay on the principles of population », 1798. Malthus était hanté par le problème de la surpopulation qu'il voyait conduire partout à la pauvreté, à la misère et à la famine. Ne voyant que cette dernière, jointe aux épidémies, aux guerres sanglantes et à l'infanticide pour vaincre les maux produits par la surpopulation, il ne trouva qu'un moyen pour y remédier selon ses croyances chrétiennes : l'ascétisme sexuel. Il le prêcha, mais en vain. Il avait établi une loi, nommée depuis « loi de Malthus », et disant que la population avait une tendance à

---

(1) 1. Francis Galton : « Hereditary Genius, its laws and consequences » 1869 (édition revue 1892).

2. Francis Galton : « Natural Inheritance » 1883.

3. Francis Galton : « Sur les moyens d'améliorer la race humaine avec les conditions sociales actuelles et en tenant compte de notre état général et des sentiments régnants », Smithionian Institutions 1902.

4. A. Forel : « Warum, wann und wie sperrt man Menschen in Irrenanstalten ein, etc. ? » Jahresbericht des Hülfsvereins für Geisteskranke in Zürich, für 1884, Seite 12, Zürich 1885.

5. A. Forel : « Malthusianismus oder Eugenik ? » E. Reinhardt, édit., Munich 1910.

6. A. Forel : « La question sexuelle ». G. Steinheil, édit. Paris 1906, 3me édition 1911, page 176, puis 479 et suivantes.

7. Géza von Hoffmann : « Die Rassenhygiene in den Vereinigten Staaten » (L'hygiène de la race aux Etats-Unis). Munich 1913, J.-F. Lehmann, édit.

8. Eugen Schwiedland : « Die Bevölkerung als Trägerin der Volkswirtschaft », dans le journal *Arbeitsnachweis* 1914, page 419, etc.

croître bien plus rapidement que les moyens nécessaires à son existence.

Les successeurs de Malthus, qui se nomment néo-malthusiens, ont trouvé un moyen bien plus simple, c'est d'employer des moyens mécaniques pour empêcher les conceptions, malgré l'acte sexuel. Pareils moyens ne sont pas absolument efficaces, mais à peu près, lorsqu'on ne s'en départ jamais. En tout cas ils valent bien mieux que l'avortement artificiel, qui est souvent dangereux et même criminel. Les néo-malthusiens ont déjà prouvé une chose, surtout en France : c'est qu'à l'aide de leurs moyens on peut arrêter la surpopulation sans avoir recours à l'ascétisme sexuel. Mais ils commettent une erreur fondamentale en diminuant aveuglément la quantité des naissances sans s'inquiéter de leur qualité. Ils ne font rien pour combattre la dégénération croissante de nos races, qui risquent ainsi de s'appauvrir en qualité comme en quantité.

C'est là ce que Galton a compris. A l'aide des statistiques, il a prouvé d'une façon irréfutable que certains agents, par exemple l'alcoolisme et d'autres encore, contribuent à rabaisser le niveau moyen de la force, de l'intelligence, de la santé et de la vitalité des peuples. Si l'on veut donc obtenir une marche ascendante de l'humanité à tous les points de vue, il s'agit d'établir une sélection artificielle humaine qui conserve soigneusement les germes de bonne qualité, tout en stérilisant les mauvais. C'est la tâche de l'eugénisme.

Pour comprendre ce dernier, il faut comprendre l'hérédité. L'hérédité mnémique cumulative des caractères acquis (mutations) a besoin de centaines de milliers d'années pour agir ; c'est trop long pour nous. La sélection naturelle agit en aveugle chez les plantes et les animaux, détruisant les faibles, ceux dont l'adaptation aux circonstances ambiantes est devenue trop compliquée, ceux qui se reproduisent trop peu, en un mot, ceux qui ne peuvent pas résister à d'autres mieux adaptables à tout. En conservant les plus résistants, la nature n'a cure de leur qualité intellectuelle, esthétique et morale; elle laisse pulluler les microbes et détruire les oiseaux du paradis et les colibris. Quand on place un être dans un tout autre milieu, la sélection naturelle le modifie, en général, plus rapidement.

L humanité ayant dompté et vaincu tous les autres êtres vivants, sauf peut-être les microbes, la sélection naturelle n'agissait dès longtemps plus chez lui que par la lutte des hommes entre eux. Or, la guerre moderne a supprimé peu à peu, même l action sélective des hommes les uns contre les autres. A l'aide d'une soigneuse élimination de tous les faibles, malades et incapables, jointe à l'action aveugle de leurs engins perfectionnés, nos guerres actuelles détruisent en moyenne ce qu'il y a de mieux dans la population mâle, laissant vivre les dégénérés et les malades. Plus même, au lieu de tenir compte de l'hygiène sociale, la médecine, régie par le droit et par la religion, exige de ses adeptes qu ils maintiennent la vie humaine, même la plus misérable, aussi longtemps que possible. C'est un triomphe pour les accoucheurs de mener à bien et de maintenir en vie les plus misérables des ragots. Nous, aliénistes, nous avons, hélas ! le devoir d'entretenir la vie d idiots, de déséquilibrés, de criminels héréditaires et de fous aussi longtemps que possible, en évitant soigneusement le suicide que beaucoup d'entre eux désirent. A côté de cela, l'alcoolisme, la prostitution, la honte stupide d'avoir un enfant dit naturel, etc., tout en augmentant rapidement la dégénérescence blastophthorique et autre (voir article VII) de nos germes, détruisent ou gâtent des vies qui eussent pu être excellentes. Il faut vraiment être aveugle au dernier degré pour ne pas voir où toutes ces choses nous mènent, si nous continuons à laisser aller notre société humaine dans sa vieille ornière qui, aujourd'hui, a perdu le peu de raison d'être qu'elle avait encore autrefois. Sans connaître encore les œuvres de Galton, j'avais moi-même (en 1885 l. c. et plus tard) préconisé la sélection artificielle et je l'avais même employée sous la forme négative dans quelques cas, parée d un titre médical un peu hypocrite, mais en réalité pour empêcher de terribles dégénérés de se reproduire.

Comment faire pour combattre la sélection à rebours, le cacogénisme (mauvaises conceptions ; eugénisme veut dire bonnes conceptions) dont nous souffrons et que la guerre actuelle fait progresser d'une façon terrible ? L'eugénisme a deux tâches qu'il faut distinguer : l'une est la suppression des germes les plus mauvais et l'autre l'augmentation des bons germes. J'entends encore ma mère dire, à propos d'un brave couple : «Il faudrait pouvoir provigner ces gens-là ! » Jusqu'ici, on n'a agi que dans le sens négatif de la stérilisation des plus mauvais. C'est aux Etats-Unis qu'on a commencé à prendre, depuis quelques années (voir Géza von Hofmann l. c.), des mesures légales contre les criminels et les dégénérés (Michigan 1905, Indiana 1907, Californie, Connecticut et Washington 1909, Jova, Nevada et New-Yersey 1911, New-York 1912, Kansas, Michigan [deuxième fois], Nord-Dakota et Orégon, 1913). En outre, les Etats-Unis deviennent de plus en plus difficiles sur la qualité des immigrants et renvoient impitoyablement, qu'ils viennent d'Europe ou d'ailleurs, tous ceux qui sont dégénérés, faibles, malades ou criminels ! Les lois en question ne se contentent pas d'interdire le mariage et d'enfermer certains dégénérés et criminels pour les empêcher de nuire. Elles donnent aux autorités, avec les garanties nécessaires contre tout abus, le devoir de stériliser artificiellement les pires d'entre eux, surtout les récidivistes. Actuellement, la stérilisation artificielle, chez la femme et surtout chez l'homme, peut se faire sans castration, à l'aide d'une opération très anodine et sans danger. Elle est alors définitive et empêche à jamais l'individu de se reproduire. C'est donc tout autre chose que la stérilisation volontaire passagère à l'aide de préservatifs mécaniques. Les lois citées des Etats-Unis donnent un excellent exemple et serviront avant tout à sanctionner leurs pratiques réformatrices dans la mentalité publique. En effet, la loi ne peut atteindre que les pires individus ; pour les autres, il faut l'action d'une opinion publique devenue consciente de ce qu'elle fait. Il faut que l'homme et la femme se rendent compte de leur devoir social de « bien engendrer ».

Malheureusement, se sont les plus moraux et les plus scrupuleux qui se retiennent à tort, alors que les égoïstes et les vauriens s'en moquent. J'attache une énorme importance à l'eugénisme positif. Il faut que tous, hommes et femmes, apprennent à comprendre que la conception et la naissance d'un bon produit, peu importe qu'elle soit légitime ou illégitime, sanctionnée ou non par le mariage, est en soi une bonne chose dont personne ne devrait avoir honte. Il s'agit de vaincre à cet égard nos innombrables préjugés et nos lois stupides. Il faudrait que tous les gouvernements facilitent beaucoup l'entretien de nombreuses familles, en allégeant leurs charges, comme en Norvège, là du moins où les parents, mariés ou non, sont de bonne qualité. A cet égard, nos mœurs devraient être changées de fond en comble, je ne crains pas de le dire. Mais je ne puis développer la chose ici.

Une autre question, aussi fondamentale que celle de l'eugénisme des bonnes races, est celle de la stérilisation des mauvaises. A cet égard, je renvoie à ce que j'ai dit dans mes articles III et VIII. Instinctivement, les personnes de races inférieures aspirent au mélange avec les races supérieures qu'elles envient. Je crois qu'il serait facile d'exploiter utilement cette tendance, non pas pour procréer des métis de mauvaise qualité, mais pour faire adopter à des mères artificiellement stérilisées des enfants de bonne race.

N'oublions pas enfin qu'il ne faut pas baser notre jugement sur la sélection artificielle que nous pratiquons chez les plantes et les animaux, non, certes, en vue de leur intérêt, mais en vue du nôtre (grosses belles poires et pêches ; porcs très gras, etc.); nous les débilitons à notre profit. Une bonne sélection humaine devra porter avant tout sur la force, la santé, l'endurance vitale ainsi que sur la bonne hérédité sociale et morale et sur celle de l'intelligence réceptive et surtout créatrice, en un mot sur les qualités sociales utiles du cerveau.

XI. Religion et confessions

Ici se présente de nouveau un grand objet de division, d'intolérance, de haine et de guerre entre les hommes. On confond souvent entre eux les deux termes de religion et de confession. La plupart de ceux des nombreux théologiens qui aiment à se gorger de mots augmentent la confusion en ergotant sur les termes. Me basant sur quelques-uns, je réserve ici celui de « CONFESSIONS » aux croyances, c'est-à-dire à leur contenu purement intellectuel, employant celui de « RELIGION » uniquement pour certain besoin général des sentiments humains. En ma présence, un théologien disait, dans une discussion publique : « La foi est un élan du cœur vers Dieu »; d'après lui, elle serait donc un sentiment et non une croyance. Voilà ce que j'appelle ergoter sur les mots, car le terme de « foi » (traduit en allemand par « Glaube ») est au moins un mélange plus ou moins équivoque des deux notions de religion et de confessions. Cela dit, cherchons à nous entendre clairement.

En tant que sentiment pur, le terme de religion s'applique à toute aspiration idéale et honnête, visant au bonheur de l humanité, donc à celle des libres penseurs, des monistes, des socialistes, etc., aussi bien qu'à celle des chrétiens de toute nuance, des juifs, des bouddhistes, des brahmanes, des mahométans, etc. Ce qui divise les hommes n'est pas l'aspiration à l'idéal du bien, n'est pas la religion ainsi conçue, mais les confessions, c'est-à-dire les croyances, leur conception du monde, de la nature, d'un Dieu dit personnel ou impersonnel, du devoir des hommes et de leur vie, puis surtout la façon dont elles entendent qu'on applique ses croyances confessionnelles à ses propres actions et avant tout à celles des autres.

La prétendue science philosophique appelée métaphysique qui prétend souvent avec orgueil être une synthèse des connaissances humaines, n'est guère, en réalité, que la « science de l'absolu, c'est-à-dire de l'inconnaissable », donc un non sens. C'est relativement à la métaphysique que Socrate a dit avec tant de raison : « Je ne sais qu'une chose, c'est que je ne sais rien ! ». Tous les « systèmes » métaphysiques, sans exception, se basent sur des tautologies ou sur des équivoques de termes, ce qui n'empêche pas que, grâce à eux, moins l'homme sait ou peut savoir, plus il affirme (1). En réalité, la science vraie, d'où est sortie la métaphysique et qui est son seul noyau, est la psychologie, dont la base repose sur l'introspection (miroitement dit conscient, mais bien souvent inconscient ou subconscient du moi) des fonctions d'une partie du cerveau. Puisqu'on ne peut s'entendre, ni sur la métaphysique, ni sur la notion de l'univers, ni sur celle d'une vie supposée ou non après la mort, il s'agit de s'entendre au moins sur les conditions du bonheur, actuel et futur, de l'humanité sur la terre, selon les données relatives de notre connaissance inductive. C'est la seule « religion » possible et admissible POUR TOUS, religion complétée par les devoirs de la morale sociale.

Malheureusement, les confessions prétendent ordinairement imposer à tous les hommes leur

---

(1) V. Forel : « Psychologie comparée, théorie de la mnème et déterminisme, 1910, Lausanne, E. Frankfurter, éditeur et Administration de la Libre Pensée.

croyance sur l'inconnaissable, croyances cristallisées sous la forme d'un Dieu personnel ou impersonnel, de la volonté duquel elles prétendent être l'instrument. De là sont sorties toutes les guerres de religion, que tant de nations ont prétendu être voulues de « leur » Dieu, pour lequel elles se sont battues à outrance et avec lequel elles disent se battre encore aujourd'hui. Le Dieu des armées est loin d'être mort, et dans la guerre actuelle on massacre en son nom, malgré la charité dite chrétienne. On ne voit néanmoins pas que l'armée allemande, dont les rapports officiels parlent tant de l'aide de Dieu, soit plus douce et plus pleine d'égards que l'armée française avec son gouvernement libre penseur. C'est bien là toujours le Dieu fait à l'image de l'homme.

A ce dernier sujet, une évolution historique s'est pourtant déroulée à nos yeux. Des croisades à la guerre de trente ans, les nations se sont battues sous l'égide de leur Dieu ou pour le défendre, mais toujours prétendant se soumettre à lui. Dès lors, et surtout dans la guerre actuelle, c'est Dieu qui se subordonne au nationalisme. Dérivé d'Israël, le christianisme avait conservé Jéhovah sous le nom de Dieu le Père, en lui adjoignant le Saint-Esprit et, plus tard, la Vierge Marie. Le protestantisme a supprimé le culte de cette dernière et les protestants, dits libéraux, même la divinité de Jésus. Les dogmes de la religion orthodoxe russe (grecque) se sont aussi séparés sous bien des points du catholicisme romain. Tous ces faits ont déchaîné des guerres de sang ou de plume et déterminé des antagonismes confessionnels, non moins âpres que ceux d'antan, tous au nom du même Dieu, mais du reste semblables à ceux du christianisme avec les religions dites paysannes, telles que l'islamisme, le bouddhisme, le brahmanisme et le confucianisme (pour ne pas parler du fétichisme, ni des autres polythéismes).

Or, que voyons-nous aujourd'hui ? Les Allemands protestants s'allient avec les Autrichiens catholiques, ainsi qu'avec Allah et l'islamisme, contre les Anglais protestants, alliés aux Français libre penseurs, aux Belges catholiques, aux Russes grecs-orthodoxes et aux Japonais bouddhistes pour une guerre d'entre-extermination ! Ostwald n'avait donc pas si tort en disant imprudemment que les Allemands avaient mis Dieu au service spécial de leur empereur, et je pense qu'il en est aujourd'hui de même un peu pour tous, même pour les Turcs et pour les Japonais. Ce fait indéniable est fort significatif. Il représente une déchéance progressive du confessionnalisme au profit des intérêts humains nationalistes. Son corollaire est clair : Si les conflits nationaux et les guerres qui en découlent doivent céder le pas devant la paix internationale et son arbitrage, le confessionnalisme d'aujourd'hui ayant subordonné son Dieu aux intérêts nationaux, devra logiquement emboîter le pas et le soumettre aussi à l'intérêt supérieur international ou plutôt supranational. Or, il n'y a qu'un moyen radical de le faire : supprimer partout les confessions dites d'Etat, comme l'ont déjà fait les Etats-Unis, la France et le Portugal, laissant les croyances à la liberté de chacun. Cela sera fort difficile, surtout en Russie. Mais il existe des voies transitoires acceptables, comme le mariage civil obligatoire, l'école laïque, etc., ainsi que certaines mesures très tolérantes, comme celles qu'a prises le gouvernement austro-hongrois envers les islamites de Bosnie et d'Herzégovine. Donc, si l'on veut bien, on peut ; il doit y avoir avec le ciel des accommodements possibles à cet effet.

On devrait trouver, pour la devise du parti socialiste : « La religion reste affaire privée », des moyens pratiques d'application qui interdisent à toutes les confessions, quelles qu elles soient, d'empiéter les unes sur les autres, de laisser opprimer les minorités par les majorités et d'accaparer la jeunesse par des moyens souvent très douteux pour faire du prosélytisme. Ce dernier point est très délicat, mais d'une importance majeure. Une cônvention supra-nationale, peut-être d'abord par concordat, devrait décréter légalement qu'aucun engagement ou promesse à vie faite par un mineur ne puisse être reconnu comme valable pour sa majorité. A cet égard, des abus honteux se produisent ; je ne cite que la confirmation, à laquelle un enfant catholique ne peut se soustraire, et un protestant, quoique déjà plus âgé, bien rarement. Jusqu'ici, les droits de l'enfant ont été terriblement méconnus partout à cet égard. Il faudrait que l'école, devenue laïque et laissant l'enseignement confessionnel aux soins des familles, se contente d'enseigner la religion morale humaine qui ne divise aucune croyance, ni confession, à peu près comme nous l'avons indiquée ci-dessus. On commence à le faire dans divers pays, mais c'est là une tâche très ardue et qui exige beaucoup de délicatesse et de tact, si l on veut éviter la tyrannie du fanatisme sectaire d'où qu'il vienne, qu'il soit catholique, protestant, libre penseur ou autre.

Il faut en outre que les Eglises apprennent de plus en plus à se passer de canons pour faire triompher leurs idées et surtout à respecter toute croyance autre que la leur. A cet égard, des lois internationales absolument impartiales sont urgentes pour amener les nations à une entente supra-nationale. Dans notre article VI (Socialisme intégral), nous avons cité les principes directeurs de l'Ordre social et moral (I.O.E.K.) et j'y renvoie. Je renvoie aussi au numéro de janvier 1915, page 72, des « Documents du Progrès » (F. Rouge, libraire, 6, rue Haldimand, Lausanne), où M. Georges Costes cite textuellement nos Commandements de la morale sociale. Je crois devoir, sans ambages, condamner ici les tendances sectaires et agressives de certains libres penseurs qui font une œuvre destructive en « mangeant du prêtre » sans reconstruire aucune morale sociale en lieu et place des morales religieuses qu'ils démolissent. En faisant cela, ils lèsent sans raison les sentiments profonds d'une foule d'hommes honnêtes qui ne sont pas fanatiques, et avec lesquels ils pourraient, sans partager leurs croyances plus ou moins mystiques, travailler en commun pour le bien de l'humanité.

Non seulement les dogmes de l'islamisme, mais les Credo des autres confessions, chrétiennes ou non, sont des narcotiques qui entravent le progrès des réformes sociales basées sur les découvertes de la connaissance humaine, surtout de celles ayant trait à la nature même de l'homme. L'humanité craint à tort de se connaître elle-même. Malgré les déceptions toujours renouvelées, comme celle de la guerre actuelle, elle voudrait sans cesse se bercer dans la narcose des illusions.

Mais ce que nous devons combattre avant tout en matière de confession, c'est le sectarisme fanatique et intolérant de toute nuance, qu'il soit mahométan, brahmane, chrétien ou libre penseur. Avec des lois équitables et énergiques, qui lui enlèvent la possibilité d'opprimer les consciences et les croyances des enfants comme des adultes, ainsi que de les empêcher de se laisser éclairer librement par les connaissances de la science, on y arrivera peu à peu, j'en suis certain. Dans notre article II (Bases possibles des Etats-Unis de la terre), j'avais déjà indiqué le concordat comme moyen d'arriver aux ententes supra-nationales difficiles ; c'est ici surtout qu'on en aura besoin.

XII. Suffrage des femmes

Appelé improprement « féminisme », le suffrage des femmes est une question de droit naturel qui, par elle-même, n'a rien à voir avec la différence des sexes. Aucun animal, pas même le singe, ni l'homme primitif, n'a assujetti sa femelle. Cette gloire a été réservée, à des degrés divers, à la ruse, à la force et à la paresse du mâle humain, chez beaucoup de civilisations moyennes et « supérieures » (pas chez toutes). Parmi elles, l'islamisme, qui met les femmes en cage dans ses harems, porte sans contredit la palme. On voit bien les effets néfastes et, aujourd'hui, on commence à comprendre l'erreur de pareille sauvagerie. Plus sociales que nous, les fourmis, dont le mâle est un simple instrument copulateur et ne possède qu'un cerveau atrophié, le nourrissent et le soignent, mais lui laissent sa pleine liberté.

Au début de toute réforme, les hystériques et autres déséquilibrés des deux sexes ont toujours joué un grand rôle. Certains d'entre eux ont du génie et la plupart aiment à se singulariser et à braver l'opinion et les préjugés, dont presque tous les autres gens ont si peur. Mais ils mêlent leurs lubies et leurs exagérations aux plus saines réformes, confondant le faux avec le vrai et discréditant ainsi le tout. Ce sont là des maladies infantiles de chaque mouvement social; on l'a vu pour le socialisme et pour l'abstinence de l'alcool par exemple. D'autres mouvements, entre autres le végétarisme, la médecine prétendue naturelle, l'antivivisectionnisme, etc., renferment un noyau vrai, inondé d'exagérations et d'absurdités hystériques et fanatiques qui auront bien de la peine à être surmontées. Ce qui en eux restera de vrai, c'est que l'homme peut vivre sans viande, celle-ci n'étant néanmoins pas un poison comme l'alcool ; que la médecine « scientifique » a souvent lésé la science en abusant affreusement de drogues inutiles, chimiques et autres ; enfin, qu'il est cruel et mauvais d'user de la vivisection là où la science ne l'exige pas, mais elle l'exige fort souvent.

L'hystérie infantile du suffrage féminin est représentée aujourd'hui en Angleterre par les suffragettes. En lacérant d'innocents tableaux, en incendiant des immeubles, en brisant des vitres et en refusant la nourriture lorsqu'on les emprisonne, ces dames s'imaginent protester contre le fait d'être traitées honteusement en mineures par le refus du suffrage. Elles vont précisément à l'encontre de leur but, mais prouvent surtout leur déséquilibre hystérique, greffé sur la ténacité et l'originalité propres aux Anglais des deux sexes (témoin le député libre penseur Bradlaugh qui, persistant à refuser le serment, tâchait, toujours à nouveau, d'entrer de vive force à la salle du Parlement). Ailleurs, par exemple en Allemagne, le déséquilibre de certaines femmes se documente par une imitation des allures masculines. Elles s'habillent et se coiffent comme des hommes, fument et boivent comme les étudiants des «corps» (Anita Augsburg et d'autres), se donnant ainsi des airs d'invertis. Il serait à désirer que les partisans du suffrage féminin triomphent peu à peu de toutes ces folies hystériques ; mais pour cela il faut qu'ils s'en désolidarisent énergiquement, car elles dégoûtent les femmes sérieuses et raisonnables, peut-être encore plus que les hommes.

Les ennemis du suffrage féminin ont naturellement des arguments, mais ceux-ci ne tiennent pas debout. En moyenne plus petite et plus faible, la femme a aussi en moyenne le cerveau plus petit. Mais si l'on tient compte de sa taille, la différence relative est extrêmement minime et ne prouve rien. Dans mon livre sur la « Question sexuelle » (G. Steinheil, éditeur, Paris), j'ai examiné les qualités psychologiques relatives des deux sexes et je suis arrivé à la conclusion que si, en moyenne, l'intellect et surtout les facultés inventives sont plus faibles chez la femme, sa volonté, par contre, c'est-à-dire sa persévérance, est plus forte que chez l'homme. Elle brille en outre par sa faculté d'intuition, par son tact et par ses aspirations morales. On compare toujours les femmes aux hommes de génie, comme si ces derniers étaient si fréquents ! Qu'on veuille bien comparer, d'un autre côté, une femme intelligente, pondérée et instruite, avec la légion des imbéciles, des analphabets, des impulsifs, des criminels et des ivrognes masculins. Ces derniers ont-ils peut-être plus de droit au suffrage universel qu'une femme bien équilibrée et sachant lire et écrire ?

On a objecté que la femme n'avait pas le temps de faire de la politique, devant s'occuper de ses enfants et du ménage et n'étant pas astreinte au service militaire. A ce dernier égard, nous avons répondu dans notre Vme article. Pour le reste, il ne s'agit pas de « faire de la politique », du moins pas pour les femmes chargées d'enfants, mais simplement d'avoir le droit de vote. Cela prend un temps très court ; nos femmes modernes en emploient bien plus en s'habillant à la mode, en se fardant ou en passant leur temps à des sottises du même genre. Il faut être vraiment bien pauvre en arguments pour opposer de pareilles balivernes aux droits naturels de la femme qui, dans notre société, a au moins autant de devoirs, si ce n'est plus, que l'homme, et, par conséquent, doit avoir les mêmes droits que lui. Beaucoup d'hommes s'abstiennent, du reste, de voter pour boire et s'amuser ; les femmes pourront faire de même pour travailler ou se parer, si elles le veulent.

Mais à quoi sert-il d'ergoter théoriquement quand les faits les plus patents sont là pour répondre ? Le suffrage des femmes existe depuis assez longtemps, par exemple en Nouvelle-Zélande et dans plusieurs Etats d'Amérique; il est déjà très avancé en Danemark, en Norvège, en Australie, en Finlande et ailleurs. Quels en ont été les résultats jusqu'ici ? Aucun des Etats qui le possèdent ne s'en est plaint, bien au contraire. Les femmes ont fait un usage sobre, tranquille et fort raisonnable de leur droit de suffrage. Une chose a frappé partout, c'est que bien loin de faire le tapage de viragos que leurs ennemis prédisaient, elles se sont surtout appliquées à élire des hommes sérieux et moraux aux places administratives, qu'elles purgeaient en même temps, autant que possible, des arrivistes et des partisans de la corruption sous toutes ses formes. C'est là un service signalé que le suffrage des femmes a déjà rendu. Instinctivement (intuitivement), la femme dirige ses regards vers l'homme supérieur au point de vue intellectuel et moral. Elle travaille pour son triomphe avec la persévérance qui la caractérise ; ici encore, je parle de la moyenne, cela va sans dire. De plus, en tant que mère actuelle ou future, la femme est instinctivement contre la guerre et travaillera de toutes ses forces à la faire définitivement cesser. Pour des raisons analogues, dès qu'elle aura compris la question de l'eugénisme, elle sera la première à travailler de toute son âme en sa faveur ; on peut déjà l'entrevoir aujourd'hui.

Mais, plus près de nous, les Ordres international, national, neutre, etc., des Bons Templiers, comptant entre eux environ un million de membres et chez lesquels, partout, les femmes ont un droit de suffrage identique à celui des hommes, ont prouvé d'une façon irréfutable que le vote des femmes est absolument paisible, raisonnable et raisonné. Partout, dans les loges des Bons Templiers, on a pu voir en outre que les disputes, le tapage et surtout les bavardages dont les hommes aiment à accuser principalement les femmes, sont presque exclusivement l'apanage du sexe dit fort. Je dirais exclusivement si quelques femmes, en général hystériques, ne faisaient pas exception.

Le droit de la femme est intimement lié à celui de l'enfant. Dès la naissance à la majorité légale, toujours artificielle, les degrés du développement mental sont insensibles. Il s'agit donc, à l'aide d'une bonne éducation sociale au travail, en même temps qu'à la liberté, d'apprivoiser le naturel de l'enfant afin qu'il devienne majeur de fait avant de l'être de forme. Pour cela, il faut commencer par protéger les enfants abandonnés et maltraités, à l'aide de la déchéance légale de l'autorité des parents indignes, puis bien organiser le protectorat de l'enfance en général. Je renvoie ici, en particulier, aux travaux de Mme von Wolfring (1), l'âme de la protection de l'enfance en Autriche. De toute façon, l'enfance doit être légalement surveillée et surtout protégée contre tout abus de la part des parents, dont l'autorité doit être progressivement diminuée (voir, par exemple, l'article XI) de la naissance à la majorité de l'enfant. A cet égard, l'aide d'une école nouvelle réformée, avec demi-externat (voir article VI), est urgente. Nous recommandons instamment les institutions comme celles des éclaireurs, des « Wandervögel » et surtout des tribunaux d'enfants. Il nous faut une union sociale collaboratrice des deux sexes à tout âge, opposé à l'oppression d'un sexe par l'autre.

---

(1) Lydia von Wolfring : « Wie schützt man die Kinder vor Misshandlung und Verbrechen, 1899 ; Kindermisshandlungen, 1902 ; Aberkennung der väterlichen Gewalt, 1902, Vienne, chez Deuticke. Puis la même « Beschränkung der Zivilrechte bei Gewohnheits-trinkern » Wiener Gerichtszeitung 1903 ; « Landwirtschaftlich gewerbliche Kinderkolonien », Bureau du Pestalozzibund, Vienne 1904. Die Ursachen der Verwahrlosung der Jugend ; die Kindermisshandlungen, ihre Ursachen und die Mittel zu ihrer Abhilfe, aus den Schriften des 1. österreichischen Kinderschutzkongresses, Wien 1907 ; die schutzbedürftige Jugend und ihre Wohlfahrt, Wien, März 1908.

Je termine ce chapitre en invoquant l'aide énergique des femmes. Qu'elles soutiennent les partisans de leur suffrage en se séparant nettement des folies de quelques hystériques malades, puis en s'organisant solidement pour reconquérir leur droit naturel. C'est ainsi qu'elles aideront avec succès à l'obtention d'une paix universelle stable, ainsi qu'à l'éducation sociale et à l'émancipation progressive de l'enfance.

XIII. Le droit international ou droit des gens

Si tu veux la paix, prépare-la ! Les temps de César sont passés ; nous connaissons en entier notre petit globe et son espace limité encore inconnu alors. Pour cette raison et pour d'autres encore, il n'est plus vrai qu'il faille préparer la guerre pour avoir la paix, bien au contraire; les faits actuels le prouvent. Pour sortir de l'anarchie sanguinaire de bête féroce où nous vivons encore, il n'y a pas plusieurs moyens, mais un seul : *La paix internationale stable des Etats civilisés, basée sur le droit de l'homme à la vie, sur le devoir de tous au travail social et sur une puissance supra-nationale commune, supérieure à celle des armées nationales et destinée à les remplacer progressivement peu à peu.*

« Au fond, le droit international est l'œuvre de la science ; c'est elle qui a réveillé dans le monde civilisé le sentiment si longtemps assoupi des droits de l'humanité... », a dit le juriste suisse Bluntschli (1).

Les codes du droit ne sont que des formules de justice sanctionnées par l'Etat. Leur base est la science, et surtout celle de l'homme, et plus spécialement celle de son cerveau, organe de son âme. Que de fois les juges ne m'ont-ils pas dit, lorsque je fonctionnais comme expert de psychiatrie : « A vous de nous fournir la matière et à nous de formuler pour juger. » L'humanité, en tant qu'ensemble des hommes, s'internationalisant de plus en plus, le droit doit donc suivre et faire de même.

On peut comparer le droit international actuel à un embryon ou à une plante, compliquée, il est vrai, dans son organisation, mais n'ayant encore ni tête (cerveau) en fonction, ni muscles. Il existe néanmoins. *Or, Bluntschli l'a déjà dit, ce dont il s'agit, c'est de lui donner un législateur universel (comme tête) et j'ajoute une armée supra-nationale comme puissance musculaire.* Alors seulement, il constituera un tout coordonné et viable.

Je renvoie à mon IIme article, où j'ai indiqué en quelques mots ce que j'entends par aréopage

---

1) Bluntschli : « Le droit international codifié », Paris, Guillaumin, 1874 ; 2e édition, traduite par Lardy.

Consulter de plus :

Hugo Grotius : « De jure belli ac pacis » et « Jus gentium » 1617 à 1625.

Pufendorf : « De jure naturæ et gentium Lund » 1672.

» « De officio hominis et civis » 1673.

Weaton : « Elements of international law. » 8e édition 1666.

von Bar : « Lehrbuch des internationalen Privat- und Strafrechts » 1892.

Nippold : « Der völkerrechtliche Vertrag » Bern 1894.

Rivier : « Principes du droit des gens », Paris 1896.

Franz von Liszt : « Das Völkerrecht, systematisch dargestellt ». Neuere Auflage 1912 (?).

Laurence : « International Law », etc., etc.

supra-national. La nature humaine étant très féroce d'instinct, il s'en suit que les Etats, en tant que collectivités humaines antagonistes, ne le sont pas moins. Ils le sont en somme même plus, la responsabilité des individus qui les dirigent étant plus partagée et, par là, moins sentie de chacun. Les cliques ennemies se forment en grand (triple alliance contre triple entente) comme en petit. Mais il en sera autrement d'une puissance supra-nationale, car chaque Etat peut bien dépouiller les autres, mais l'ensemble de l'humanité *ne pourra plus que se spolier lui-même, ce à quoi i n'a aucun intérêt.* Remplaçant avantageusement la guerre, l'eugénisme l'empêchera en outre de mourir de faim.

Actuellement, pour les Etats, le droit pénal, c'est la guerre. Or, la science pénale tend enfin à remplacer les anciennes notions d'expiation et de libre arbitre absolu. Plus humaine, plus juste et plus scientifique que jadis, elle veut simplement empêcher les criminels de nuire et considère le libre arbitre comme relatif. Elle veut, de plus, supprimer la peine de mort. Que le droit des gens supprime la guerre et il ne sera que logique, d'autant plus que, par là, on cessera de punir des innocents, plus même, les meilleurs parmi l'humanité.

Bluntschli, Rivier et d'autres considèrent les Etats comme des unités représentant les « personnes » du droit international. Ici, j'ose faire humblement opposition à ces maîtres du droit. Une collectivité n'est pas et ne peut pas être une personne et une collectivité aussi artificielle que les Etats bien moins encore. Si l'on réfléchit, la chose ressort de l'article 52 de Bluntschli lui-même ; j'y renvoie (l. c.) ; c'est pour cela que, dans mon IIme article, j'ai requis pour l'aréopage supra-national une représentation d'un tant par million de voix des Etats civilisés représentés. Il est impossible d'être équitable autrement ; c'est une concession un peu démocratique, si l'on veut, que même les monarchies absolutistes doivent faire. Il y a là une revision de principes et de notions juridiques qui s'impose. Tout au plus pourrait-on donner aux Etats comme tels encore quelque compensation formelle.

Ce qu'il y a de plus urgent, ce qui s'impose actuellement, *c'est l'érection commune par tous les Etats civilisés d'un tribunal (aréopage) supra-national, fonctionnant comme arbitre obligatoire et définitif de tous les conflits entre Etats*, mais, encore une fois, il ne sera viable que si on le dote de la puissance nécessaire. Alors, il remplacera les « cinq Grandes Puissances » de la Pentarchie de 1818 et les petits Etats ne seront plus entièrement ignorés. Près d'un siècle plus tard, ce ne serait pas trop tôt. La Sainte Alliance de 1815, entre la Russie, l'Autriche et la Prusse, avait voulu se baser sur la religion et les dynasties, mais elle fit le fiasco qu'elle méritait.

Pour orienter en peu de mots mes lecteurs sur ce qu'a été jusqu'ici le droit international, je cite, d'après Bluntschli et Rivier, les titres de ses objets principaux sous forme de répertoire :

Protection des individus humains. Lutte contre l'oppression des nationalités et des croyances par les Etats. Formation et reconnaissance des Etats; révolutions ; influence des changements de constitution sur les relations des Etats entre eux. Nombre des voix. Partage des biens et des dettes suivant la population. Limite de la souveraineté des Etats. Fédérations d'Etats. Colonies et

Etats vassaux. Equilibre. Conférences et congrès européens et internationaux ; leurs protocoles ou procès-verbaux ; les Etats seuls y sont représentés. Autrefois le latin, plus tard le français comme langue internationale.

Organes internationaux : Souverains. Une révolution victorieuse est reconnue comme Etat. Exterritorialité des souverains et des envoyés (ambassadeurs, ministres). Leur rappel, ruptures diplomatiques. Consuls (affaires civiles), sans exterritorialité.

Souveraineté du territoire : Pays inhabités ou barbares (colonisation). Frontières, lacs, rivières et mers. Droit de navigation. Servitudes internationales.

Rapports des personnes avec l'Etat : Esclavage; sa suppression internationale. Indigénat (enfants illégitimes ; étrangers) ; naturalisation. Immigration, émigration. Extradition. Droit d'asile.

Traités : Traités conventionnels et traités créant des droits nécessaires entre les Etats. Leur ratification ; nullité. Nullité de traités violant les droits humains (protégeant l'esclavage, refusant tout droit aux étrangers, violant la liberté des mers ou des opinions religieuses, supprimant un Etat, établissant la domination d'une puissance sur le monde entier, etc.). Alliances. Validité et durée des traités, leurs diverses espèces ; traités principaux, accessoires, complémentaires, définitifs, temporaires, unilatéraux, égaux ou inégaux, conditionnels, secrets, territoriaux, de succession, de commerce, de douanes, de télégraphes, postes et chemins de fer, d'alliances, de fédérations, etc., etc.

Violation du droit international, sa répression, ses causes et ses prétextes. Exemples : piraterie, pillage des étrangers, interdiction du commerce, domination d'une mer, attentats aux droits des envoyés, invasion sans déclaration de guerre, dangers des épidémies, etc. Violation à l'intérieur d'un Etat. Intervention (motivée, arbitraire, implorée). Bons offices amicaux. Médiation. Arbitrage. Représailles. Blocus. Moyens de mettre fin aux différends.

Droits de guerre sur terre et sur mer : Armistices. Capitulation. Conditions de la paix. Droits dits de postliminie (rétablissement des choses renversées par la guerre). Droits de conservation. Droits d'indépendance. Je passe ici d'autres détails sous silence.

La neutralité envers les armées ennemies : Droits des neutres et des belligérants. Contrebande. Commerce. Blocus et conseils de prises (tribunal des navires captés). Mercenaires, etc.

Comme on le voit, les objets du droit international ne manquent pas ; ce qui manque, c'est leur organisation supra-nationale équitable et la sanction efficace de cette dernière. Edouard Laboulaye et G. de Molinari avaient fait, surtout le premier, des préfaces fort optimistes aux deux éditions de l'œuvre précitée de Bluntschli. Malgré les déboires de l'heure présente, je crois qu'ils ont eu raison ; il faut seulement savoir patienter. Longtemps déjà avant la Sainte-Alliance, Grotius et Pufendorf avaient, au XVIIe siècle, énergiquement protesté contre les droits confessionnels autoritaires, exclusifs, attribués à telle ou telle croyance (chrétienne ou autre), prenant ainsi la défense des droits naturels de l'homme. Espérons que les tyrannies et persécutions confessionnelles ne reparaîtront plus.

Pendant la guerre de sécession des Etats-Unis

parurent, en 1863, des « Instructions pour les armées en campagne des Etats-Unis d'Amérique ». Ces instructions sont extrêmement remarquables; elles posèrent pour la première fois des droits de la guerre bien plus humanitaires et plus justes qu'ils ne l'étaient autrefois. Elles figurent en entier comme appendice dans le livre de Bluntschli sur « Le Droit international » (l. c.).

Néanmoins, la guerre, c'est-à-dire le droit du plus fort ou droit de la bête féroce humaine, subsiste toujours. Parmi ses réactions instinctives, on observe de nos jours encore la vendetta corse ou sicilienne (autrefois germaine), qui étend l'« œil pour œil et dent pour dent » à tous les membres innocents de la famille du coupable offenseur. Moins cruel, le duel qui existe chez beaucoup de peuples civilisés n'est au fond pas plus juste ; sa morale est absurde, car souvent c'est le coupable qui est vainqueur et on voit parfois les mêmes Etats l'interdire d'une part et l'ordonner de l'autre. Le duel des officiers et des étudiants allemands peut, en ce sens, servir de prototype. La vendetta et le duel sont des reliquats barbares du moyen-âge qu'une humanité supérieure a le devoir d'enterrer définitivement avec la guerre, à l'aide de lois internationales.

L'atrocité de la guerre moderne augmente sans arrêt avec les découvertes techniques dues à la science, telles que l'aviation, les sous-marins, l'artillerie moderne, etc., etc. Si les yeux de l'humanité ne s'ouvrent pas enfin à l'évidence, ce serait à désespérer. Le simple bon sens requiert donc aujourd'hui, comme la science, la confédération (Staatenbund) des Etats civilisés de la terre. Nous y reviendrons au chapitre suivant (XIV).

XIV. Organisation internationale

La législation supra-nationale avec arbitrage international obligatoire, soutenus tous deux par une force armée, est le premier pas à faire ; l'organisation est le second. Les notions de droit civil et privé (1), de constitutions, de statuts, de règlements, d'organisations en général sont très voisines et passent graduellement de l'une à l'autre. Qu'il s'agisse d'Etats ou de sociétés nationales ou internationales, elles désignent des obligations des individus humains, les uns envers les autres et envers l'ensemble d'un groupe social. Dans l'Etat, elles sont imposées comme loi, dans les ordres ou sociétés, les individus qui en font partie se les imposent volontairement par un engagement temporaire ou définitif, réglé par des statuts, légalement reconnus ou non. Le terme d'administration désigne tous les rouages qui servent à la mise à exécution des objets des notions ci-dessus définies. Lorsqu'il s'agit de l'Etat ou de ses parties et qu'il y a des litiges à trancher, l'administration des autorités compétentes et, en dernier ressort, les tribunaux jugeant sur les matières civiles, décident.

Grâce à Thémis aux yeux bandés, les tribunaux donnent, ou devraient au moins donner, les mêmes droits à la défense qu'à l'accusation. Mais toute administration impartiale doit faire de même

---

(1) Voir p. ex. : Code civil et code des obligations suisses. Constitution fédérale suisse. Union postale universelle. von Bar (cité à l'article XIII). Hofrat Prof. Eugen Schwiedland : « Eigentum und Erbrecht » dans « Arbeitsnachweis », Vienne 1916. Tabouriech : « Essai sur la propriété, 1904.

Constitution de l'Ordre indépendant neutre des Bons Templiers. Roggwil, canton de Berne, J. W. Schwab, etc.

avant d'agir, en cas de plainte ou de litige. De fait, il existe des administrations qui sont plus justes que certains tribunaux. L'incorruptibilité, l'ordre, le travail et la justice impartiale sont la base de toute bonne organisation. Dans ce but, il faut un contrôle sérieux et une surveillance minutieuse, aussi bien des supérieurs sur leurs subordonnés que, réciproquement, des subordonnés sur leurs supérieurs (à l'aide de sociétés reconnues). Il s'agit de rendre à peu près impossibles tous les pourboires et pots-de-vin, grands et petits, ainsi que tous les abus qui leur ressemblent. Il faut en outre supprimer toutes les sinécures et, autant que possible, tout protectionnisme de personnes, de partis ou de castes.

Comme exemple de bonne organisation, je puis citer celle des Postes suisses, sans vouloir vanter par là mon pays ; le public peut le voir partout et les fonctionnaires honnêtes le reconnaissent tous ; le travail est intense ; les personnes sont bien choisies et n'ont pas à se plaindre. Il en est de même, en général, pour l'administration norvégienne. En sens inverse, on peut citer la Russie, où l'administration est foncièrement corrompue, de même qu'en Turquie et, à bien des points de vue, aux Etats-Unis. A part le protectionnisme des castes, l'organisation de l'administration allemande est en général excellente et honnête. On voit, par ces simples exemples, que l'honnêteté et la perfection d'une administration ne dépendent guère de la forme du gouvernement. Toutefois, une autocratie qui demeure elle-même sans contrôle engendre nécessairement la corruption. Celle-ci a, du reste, d'autres causes très multiples, entre autres le capitalisme effréné et ses trusts. Dans une organisation supranationale, il s'agira donc, avant tout, d'éliminer la puissance des trusts du capital et d'organiser une surveillance et un contrôle si minutieux que tout détournement devienne aussi malaisé et dangereux que possible pour l'égoïsme humain naturel. Pour cela, il faut avant tout lui enlever toute autocratie et l'obliger à un travail intense de tous ses rouages du haut en bas. Il faut en outre la perfectionner par l'éducation sociale progressive du peuple (voir notre VIe article). Il faut que la qualité des hommes choisis comme administrateurs soit la meilleure et, pour cela, indépendante de toute clique politique ou autre et de tout protectionnisme. C'est ici qu'on peut voir à quel point notre société a besoin d'eugénisme. On peut allumer la lanterne de Diogène et chercher parmi des centaines de personnes avant d'en trouver une vraiment capable et bonne. En outre, il ne faut pas que la bureaucratie administrative tue l'initiative personnelle grâce à la routine et à une pédanterie inutile. Il faut en un mot qu'une bonne organisation laisse à l'homme le plus d'initiative et de liberté possible. L'idéal serait que, grâce à la discipline éducative de soi-même, l'individu arrive à faire son devoir social sans y être forcé ; mais, pour cela, il faudrait des surhommes, qui n'existent pas.

L'organisation supra-nationale que nous avons en vue devra faire partie de l'aréopage prévu à notre IIe article. Les Etats complexes, comme la Suisse et les Etats-Unis, chez lesquels les Etats confédérés (cantons ou Etats) sont pourvus d'une demi-souveraineté, subordonnée à celle du pouvoir central, nous fournissent le type qui doit servir d'exemple. Il faut que l'anarchie actuelle, qui règne entre les Etats, grands et petits, qui ne sont pas confédérés, cesse du fait que l'aréopage supra-national prendra seul la suzeraineté internationale, comme nous l'avons dit aux IIe et XIIIe articles. L'Union postale universelle nous fournit le cas d'un accord entre tous les Etats de l'univers. Au point de vue de la Poste donc, tous les Etats du monde ont cédé leur suzeraineté à celle de l'Union postale. Le tout est de suivre la voie en allant plus loin.

Afin de préparer la chose d'une façon simple, il faudrait que l'aréopage supra-national, faisant comme l'Union postale universelle, institue des conventions devenant si possible traités universels, mais ayant pour le moins la forme de concordats entre beaucoup d'Etats. Le moyen le plus commode serait qu'il nomme des commissions internationales, composées de personnes très compétentes, et qui seraient chargées d'élaborer des statuts supra-nationaux pour régler les questions les plus importantes :

1. Commission de la langue internationale ;
2. Commission du libre-échange ;
3. Commission de l'eugénisme ;
4. Commission des colonies ;
5. Commission de l'armée pacifique ;
6. Commission de l'instruction et de l'éducation sociale de la jeunesse ;
7. Commission de la réforme de la presse ;
8. Commission de la réforme antialcoolique, antinarcotique en général ;
9. Commission d'économie politique internationale ;
10. Commission du suffrage féminin, etc., etc.

De pareilles commissions auraient pour but, après étude approfondie, de proposer aux Etats les réformes les plus nécessaires et les plus urgentes et de les engager à s'unir entre eux à leur sujet, dans le sens le plus pratique. Le peuple suisse a bien voté, par la grande majorité de ses cantons et de ses citoyens, notre Code civil fédéral, l'interdiction de l'absinthe et d'autres choses analogues. Pourquoi les Etats de toutes les parties du monde ne pourraient-ils pas s'unir de même après avoir reconnu la bonté de certaines réformes ?

En fait de fortes organisations internationales privées, nous citerons celle de l'Eglise catholique romaine, en particulier l'Ordre des jésuites, puis l'Ordre des francs-maçons et, pour la lutte contre l'alcoolisme, l'Ordre international et l'Ordre neutre des Bons-Templiers. Je renvoie, par exemple, à l'excellente constitution internationale et unique de l'Ordre neutre des B. T., qui est l'œuvre de M. Trüeb-Sieber, secrétaire du Département militaire, à Berne. Il s'agissait de définir clairement les compétences : a) de l'organisation internationale (Loge int.) ; b) des org. nationales (G.L.); c) des org. de district (L. D.) et d) des org. locales (L. L.). En grand, les organisations que nous désirons pour l'aréopage supra-national y correspondraient : a) aréopage supranat.; b) Etats fédérés ; c) Etats ou districts mi-souverains actuels ; d) communes.

Pour être équitable, humanitaire et bonne, nous l'avons vu, l'organisation supra-nationale devra s'inspirer des droits naturels de l'homme et de toute sa liberté compatible avec les nécessités sociales. Il s'agit donc de supprimer toutes les HEGÉMONIES DU DROIT des Etats, des nationalités, des castes (aristocratie), des langues, des confessions et des individus les uns sur les autres, du moins peu à peu et autant que possible. J'ai dit à dessein : l'hégémonie du « droit », les qualités individuelles et autres restant toujours inégales et, de même que leur influence, libres de se développer sans contrainte. Je renvoie ici à l'excellente réponse faite en allemand par le Dr Karl Hochdorf, dans le numéro du 26 décembre 1914 de la « Voix de l'Humanité » (Menschheit »), au professeur Dr Albert Gottlieb, qui prétendait que les termes de militarisme et d'impérialisme reprochés à l'Allemagne étaient de grands mots (Schlagwörter) dénués de sens. Qu'on imite la bonne, active et honnête organisation de l'Allemagne, mais non ses oppressions féodales des castes (noblesse), ainsi que des nationalités, des langues (Posen, Schleswig, Alsace), etc. Il faut qu'à l'avenir les habitants d'un pays qui se sentent opprimés aient le droit de se séparer de leur oppresseur en constituant un Etat indépendant ou au moins mi-souverain.

Nous avons vu (IIIe article) la nécessité d'une tutelle des races sauvages incivilisables ou inférieures par les Etats civilisés. C'est ici que le travail d'une commission coloniale internationale est urgent. Une partie des colonies anglaises (Canada, Nouvelle-Zélande, Australie, Cap) pourraient par contre former, avec leur mère patrie, des Etats-Unis d'Angleterre et aider ainsi à l'entente du but supra-national en donnant l'exemple. D'autres pays, arrivés trop tard pour la curée coloniale, ou trop faibles, l'Allemagne, l'Autriche, la Suède, la Norvège, les Balkans (sans parler de la Suisse), se plaignent, non sans certaine raison. Mais quand on va plus au fond, on voit qu'il suffira d'émanciper les colonies, d'introduire le libre-échange et, une fois le danger des guerres nationales écarté, de faciliter l'immigration, pour que l'appétit nationaliste féroce d'avoir des colonies à exploiter d'une façon exclusive se réduise de plus en plus et finisse enfin par disparaître.

Les questions de l'immigration et de la naturalisation sont fort épineuses et sont en rapport intime avec l'eugénisme (voir IIIe, VIIIe et Xe articles). On ne peut guère empêcher les Etats civilisés actuels de prohiber l'immigration de dégénérés, de criminels et de races prolifiques envahissantes, surtout lorsqu'elles sont inférieures; mais on pourra bien exiger que les personnes immigrées aient le droit de naturalisation une fois qu'elles auront, par exemple, séjourné dix ans dans un pays. La question devrait être réglée d'une façon internationale.

Une économie politique (en allemand économie nationale) bien comprise doit être de même internationale et s'occuper très sérieusement d'eugénisme. La terre est trop petite et trop connue aujourd'hui pour qu'à la longue les rivalités nationales économiques puissent sérieusement se maintenir avec une apparence de raison. Quel avantage ont, encore une fois, tous les peuples civilisés, tout comme les individus (E. Schwiedland, l. c.) à vouloir s'exploiter et se voler réciproquement au lieu de s'entendre à l'aide d'une bonne organisation supra-nationale ? La rapacité coloniale ou conquérante des nations, n'est bien souvent qu'un vol collectif ! Le tout sera de bien équilibrer les meilleurs moyens de subsistance de l'humanité à l'aide du travail de tous, joint à des droits et à des devoirs équitables pour chacun, Etat comme individu.

XV. Un peu de psychologie sociale humaine et comparée

La psychologie est la science de l'âme. L'âme est la fonction consciente (introspective) d'une partie du grand cerveau humain; mais elle est assise en plein sur le « subconscient » qui nous paraît inconscient, car, quoique inscrit (engraphié) dans le cerveau, il est oublié ou n'a même jamais paru au seuil de notre conscience; du moins nous ne le savons plus (1). Même dans la vue directe d'un objet, la façon dont son image, qui vient se peindre sur notre rétine, se transmet à l'écorce de notre cerveau, demeure toujours inconsciente, du moins à nos centres cérébraux supérieurs (à l'écorce elle-même).

Dans mon 1er article, j'ai indiqué la confusion qu'on a coutume de faire entre l'hérédité et l'acquis perfectible de la tradition. Dans notre mentalité, ils sont inextricablement combinés l'un à l'autre ; notre âme n'a rien d'uniquement hérité. A chaque instant de notre vie, nos pensées, sentiments et volitions résultent de nos dispositions héréditaires combinées avec notre acquis, c'est-à-

---

(1) Forel : « L'âme et le système nerveux », Paris, G. Steinheil, 1907. — « Un aperçu de psychologie comparée » ; dans « L'année psychologique », Paris 1896. — « Psychologie comparée, théorie de la mnème et déterminisme », Lausanne 1910, Librairie Nouvelle. — « Wie Ansichten entstehen » ; « Die Zukunft », Berlin, 4 Okt. 1902. — « Les Fourmis de la Suisse » (surtout pages 278 et suivantes), Genève, Georges, 1874. — « Der Mensch und die Narkose », 1903, Schweizerische Gross-Loge N.G.O. Roggwil, Kanton Bern, J.-W. Schwab.

Richard Semon : « Die Mneme », Leipzig 1904 (1911), chez W. Engelmann. — « Die mnemischen Empfindungen », 1909, ibidem.

dire avec ce que nos sens ont senti, vu et entendu eux-mêmes, mais surtout avec ce que nous avons appris des autres hommes (principalement de nos ancêtres), par l'école, la lecture, la presse, les monuments, les objets façonnés, l'ambiance, etc., etc., qui nous transmettent la tradition.

L'âme sociale ou collective, qu'il s'agisse de races, de nations, d'Etats, de sociétés ou de communes, etc., n'est pas une unité ; nous l'avons dit. La presse, la parole et les coutumes peuvent, il est vrai, lui donner des suggestions collectives, mais chaque individu travaille celles-ci avec sa propre hérédité et son propre acquis. Il faut donc se garder de généraliser. Comme F. Galton, il faut tenir compte des moyennes en analysant à fond les causes de ce qu'on appelle mentalité collective. Même chez des animaux sociaux assez inférieurs, comme les fourmis (et les termites), chez lesquelles l'instinct héréditaire joue un rôle infiniment plus grand que chez nous, et dont la mentalité est, de ce fait, beaucoup plus fixée, on observe de grandes variabilités selon les circonstances fortuites et même selon les individus, comme je l'ai prouvé par de longues études. Dans leurs guerres, on peut observer la fureur, l'audace individuelle, le découragement collectif, etc. Je suis arrivé, en produisant artificiellement des conditions spéciales, à faire s'allier finalement entre elles des espèces ordinairement ennemies acharnées (fourmis sanguines et fauves) ; mais on observait des exceptions individuelles. Cela prouve qu'à la longue on pourra pacifier l'homme comme on apprivoise les tigres. J'ai vu, en Hongrie, des tziganes qu'on avait fini par rendre sédentaires. Le tout est de créer une bonne tradition et de la stabiliser.

Nos notions et nos croyances sont basées sur nos dispositions héréditaires, sur nos sentiments (qui dérivent de ces dernières), surtout sur nos passions, parfois sur la raison. Notre volonté les transforme en actes. Or, le prétendu libre arbitre, Spinoza l'a bien dit, repose sur l'ignorance (j'ajoute la subconscience) des mobiles de nos actions. On parle de volontés fortes et faibles; analysons un peu : l'un est faible par apathie, l'autre par l'obsession perpétuelle du doute, un troisième par crainte ou lâcheté, un quatrième par ses impulsions changeantes et incohérentes, etc. ; l'un est fort par sa persévérance, l'autre par la facilité avec laquelle il met ses opinions en actions, etc. Pour qu'une opinion soit juste et bonne, c'est-à-dire valable et utile, il faut que ses motifs soient solidement basés sur des inductions exactes (vraiment scientifiques), et en outre désintéressés, disons sociaux. Si nous examinons à ce point de vue les réalités humaines, les résultats sont tristes : ignorance, superstition mystique, extase, esclavage du préjugé, terreur de la moquerie, vanité, orgueil, hypocrisie consciente et surtout inconsciente des vertuistes et des apôtres du vice, témérité d'un côté, lâcheté de l'autre, découragement mélancolique et pessimisme, optimisme aveugle concourent à l'envi dans les cerveaux pour parfaire notre incohérence sociale et l'absurdité des opinions courantes. Dans l'article cité (« Zukunft »), j'ai persiflé la façon dont les opinions de M. Chacun changent sans qu'il s'en rende compte, avec celles de son journal et avec les passions et les suggestions momentanées qu'il subit. C'est écœurant; la place qui reste à la raison est infime.

Les grands facteurs acquis qui agissent sur les

masses sont surtout la tradition, la suggestion et les émotions perpétuées enclavées dans le sub-conscient. Breuer, et d'autres dès lors, ont prouvé que certaines émotions très fortes de l'enfance et de l'âge mûr, émotions qui n'ont pas pu se décharger tout de suite, restent comme un corps étranger dans le sub-conscient et y provoquent non seulement des troubles nerveux, mais encore des opinions affectives, suites de l'angoisse qui les accompagnait. Elles donnent souvent à la vie entière sa direction future. De son côté, la vanité ou mégalomanie nationale suggère les masses de chauvinisme et de velléités pernicieuses d'hégémonie sur les autres peuples. La tâche de l'éducation sociale est immense en présence de toutes ces forces aveugles, souvent soutenues par la puissance de la presse. Les analphabets d'autrefois, qui ne pouvaient lire, étaient relativement plus faciles à tirer d'une fausse ornière que nos moutons suggérés d'aujourd'hui.

Dans mon travail « Der Mensch und die Narkose, j'ai écrit ce qui suit : « L'homme moyen normal n'est à l'école ni un héros intellectuel ou moral, ni un original, ni un meneur, ni une victime; il travaille juste assez pour se tirer d'affaire, évite les originaux et surtout les écoliers enthousiastes d'un idéal élevé et moral. Plus tard, ses opinions sont une reproduction incolore des idées de ses parents, de son école, de sa classe sociale, de sa religion, de son parti, de son pays et de la presse quotidienne. Il se hâte de se chercher la profession pour laquelle il se sent le moins incapable; plus souvent encore, il se la laisse suggérer par d'autres. Sa moralité lui est imprimée, comme le reste, par l'opinion courante. Dans un pays religieux, il sera pieux, d'opinion du moins, dans un pays libre penseur il sera libre penseur, dans un royaume royaliste, dans une démocratie démocrate. Ses pensées ne vont pas au delà ; car les coutumes, la mode et le préjugé sont la règle de conduite de sa vie. Quand on dérange sa quiétude, ses chères habitudes et surtout les opinions préconçues, qu'il s'imagine être siennes, il peut devenir méchant. Malheur à qui y touche, c'est un révolutionnaire qui vient troubler le repos public et faire du scandale ; il faut l'enfermer ! Mais qu'un homme de génie vienne avec persévérance secouer, mettre en colère et finalement suggérer un grand troupeau d'hommes normaux ! On voit alors ceux-ci, en partie pour recouvrir leur béatitude troublée, changer leurs idées d'après le nouveau modèle et constituer une nouvelle opinion publique qui devient, plus tard, aussi enracinée que l'ancienne, et ainsi de suite. »

Ceci nous amène à parler de l'influence qu'ont certains hommes sur les masses, surtout à l'aide de quatre facteurs : 1. leur position sociale ; 2. leur faculté suggestive ; 3. leur volonté ; 4. leur valeur réelle intellectuelle ou morale. Quoique, parfois, ces quatre catégories soient plus ou moins réunies chez un homme, il s'agit de les distinguer clairement. Le général Boulanger suggérait par son panache, servant de bouton hypnotiseur; mais le reste lui manquait. Napoléon Ier était à la fois bouton hypnotiseur, intelligence de génie et puissante volonté. Gladstone avait la situation politique, l'intelligence et un idéal moral supérieur. Un roi ou empereur imbécile peut faire du mal ou du bien suivant les influences qui agissent sur lui. Un fou cruel, comme Néron, peut ruiner un empire. Avec sa volonté de fer, sa puissance, son génie et son intelligence, Bismarck, qui était avant tout un type de la noblesse prussienne et a créé l'unité de l'Allemagne, a fait un effort unique en son genre, peut-être inconscient ou subconscient : Il a voulu réadapter la féodalité mourante aux mœurs modernes en créant une armée formidable, dirigée par l'aristocratie, tout en tenant compte des besoins du savoir, de l'industrie et du commerce, puis, sagement mais modérément, de ceux du peuple (assurance de la vieillesse, etc.). Ses calculs ont eu le seul tort de ne compter qu'avec Bismarck lui-même dans cet essai homérique de résurrection. Ses successeurs se sont chargés de conduire la chose à l'absurde, comme on peut le voir aujourd'hui, par le pangermanisme militariste. Il provoque les autres peuples dans le genre suivant : « Je suis très pacifique, mais je suis la première nation de la terre et j'écraserai les douteurs qui voudront s'opposer à moi ! » (1)

Ce qu'il nous faudrait aujourd'hui, ce serait un nouveau Gladstone, mais plus neutre en religion, plus calme et plus ferme, comprenant les progrès scientifiques, l'évolution de la vie organique et sachant l'appliquer à celle du bien social de l'humanité. Sans doute, l'influence des grands hommes politiques a maintenant, où presque tout le monde sait lire et écrire, moins de force que du temps des anciens autocrates. On aurait néanmoins bien tort de la méconnaître.

A quoi doit tendre le bien social ? Sans doute au bonheur aussi grand que possible des hommes et tout particulièrement à celui de l'humanité en général sur la terre. Nous avons vu (XI)

---

(1) O. Nippold : « Der deutsche Chauvinismus », Stuttgart W. Kohlhammer, 1913.

qu'il fallait empêcher la domination, toujours exclusive, des confessions qui séparent les hommes et les excitent à propos de la divinité et d'une vie à venir à laquelle ils croient ou ne croient pas. Mais il faut avant tout sauvegarder la liberté des croyances, métaphysiques ou non, de chacun, et, à l'aide du socialisme intégral, remplacer l'élan patriotique, son dévouement et son abnégation envers la patrie locale et nationale par l'élan plus élevé qui voit des frères dans tous les hommes. Il faudrait que les disciples de Bouddha et de Jésus-Christ sachent en ce sens mieux suivre aujourd'hui les enseignements moraux de ceux qu'ils adorent ou plutôt y revenir en les clarifiant. Pas n'est besoin pour cela de discuter sur la vie à venir ou sur la métempsycose. La psychologie de la guerre actuelle est riche en instructions ; ses incohérences sont telles qu'elles crèvent les yeux. La leçon de choses qu'elle nous donne est une preuve de tout ce que je viens de dire et de ce que les psychologistes sérieux, qui savent éluder la métaphysique, savent dès longtemps. Mais il serait entièrement faux d'en tirer des conclusions pessimistes. Il s'agit de se tenir au-dessus des petitesses et des passions ; il faut analyser avec le plus grand calme toutes les forces de la psychologie sociale mondiale qui sont actuellement en jeu. Telle serait la tâche des hommes actuels haut placés, qui ont à leur actif le génie nécessaire. Ils ne peuvent changer l'hérédité de la nature humaine, mais ce qu'ils peuvent modifier, c'est l'acquis, et ce qu'ils peuvent créer en profitant de l'état actuel instable des esprits, c'est une nouvelle tradition de l'humanité fédérée, ou, si l'on veut, une nouvelle légende pacifique pour l'avenir, en lieu et place des légendes guerrières césarienne, napoléonienne, bismarkienne ou autres, qui, malgré les apparences, sont en train de se détruire elles-mêmes.

XVI. Conclusion

Pendant la guerre actuelle, le terme de « chiffon de papier » appliqué aux conventions légales internationales a été mis en vogue. Un syllogisme, sophiste comme presque tous, nous aidera à nous éclaircir sur ce point :

L'homme est un animal féroce, chez lequel la force prime la loi ;

les conventions et lois internationales ne sont que des chiffons de papier sans force ;

donc, elles sont inutiles à l'humanité, c'est-à-dire à l'ensemble des hommes.

Comme la conclusion, les prémisses du syllogisme sont un mélange de vrai et de faux, ce qui annule le tout. L'homme n'est pas seulement féroce, mais aussi social ; il n'est pas exempt du sentiment de devoir moral. Les lois et conventions qui sont applicables et appliquées ne sont pas de simples chiffons de papier. Ce qu'il y a de vrai gît dans la question des forces sociales, c'est-à-dire collectives, armées et autres, qui dirigent l'humanité et ce sont elles qu'il s'agit d'examiner soigneusement. Nous avons essayé de le faire dans les articles ci-dessus. Les forces et les énergies diverses, latentes ou non, qui agissent individuellement et collectivement sur l'homme et, par lui, sur l'humanité, sont très complexes. Elles sont aujourd'hui plus mentales (cérébrales) que physiques (musculaires), comme le prouvent même les canons et les aéroplanes (voir XVe article) ; leurs résultantes actives veulent être étudiées selon le parallélogramme des forces dont elles sont composées.

Appelons positives (+) les résultantes des forces vives et des énergies latentes qui tendent à augmenter la santé, le bonheur, la joie au travail, l'évolution ascendante, mentale et physique, ainsi que l'union sociale, solidaire de l'humanité dans son ensemble, et négatives (—) celles qui agissent en sens inverse et font baisser à tout égard notre niveau. Puis examinons sommairement, à ce point de vue, le résultat des quinze articles précédents. (1)

I. Pacifisme et arbitrage international : +	Guerre moderne : —
II. Etats-Unis de la terre ; désarmement progressif : +	Antagonismes nationaux ; armements progressifs : —
III. Droits égaux des colonies et des Etats : +	Rapine et exploitation des colonies au profit des Etats : —
IV. Education morale et sociale de l'enfance et du peuple : +	Barbaries civilisées : —
IV*a*. Libre échange international mettant l'intérêt international au-dessus de l'intérêt national : +	Barrières nationales intéressées des douanes : —
V. Armée pacifique des deux sexes : +	Armements guerriers : —

(1) Voir aussi Forel : « Kulturbestrebungen der Gegenwart », 1910, E. Reinhardt, édit., Munich (édition de l'I.O.E. K.: O. Volkart, Bern, Monbijoustr. 39).

VI.	Socialisme intégral : +	Anarchie capitaliste et trusts des intérêts privés : —
VII.	Abstinence et prohibition de l'alcool et des narcotiques : +	Commerce libre des poisons sociaux : —
VIII.	Union internationale des races civilisées et civilisables ; tutelle protectrice et humanitaire des races inférieures : +	Haine et antagonisme réciproques des races humaines : —
IX.	Introduction d'une langue de compréhension internationale ; liberté des langues : +	Antagonisme et oppression des langues nationales : —
X.	Eugénisme : +	Cacogénisme, produit des guerres, de l'alcool, de l'hygiène traditionnelle, etc. : —
XI.	Union humanitaire ou religion sociale et morale : +	Antagonisme et intolérance confessionnels : —
XII.	Suffrage et émancipation de la femme : +	Oppression de la femme, privée de ses droits naturels : —
XIII.	Législation supranationale :	Anarchie actuelle légalisée entre les nations civilisées : —
XIV.	Organisation internationale : +	Chauvinisme national ; antagonisme et haine entre les nations : —

XV. Apprivoisement éducatif, progressif et méthodique des instincts et passions féroces ou contradictoires de l'homme en vue de sa socialisation graduelle : +	**Anarchie actuelle de la psychologie des individus humains et de leur collectivité : —**

L'ensemble des résultantes ci-dessus constitue déjà un respectable arsenal d'énergies ; de plus autorisés que moi pourraient en ajouter bien d'autres. L'important est de n'en négliger aucune pour combattre avec efficacité le mal social dans son ensemble. Mais ce qu'il y a de plus urgent, de plus actuel pour la paix et l'arbitrage entre les nations, ce sont les IIe, IIIe, XIIIe et XIVe points. Si, lors de la signature de la paix, les souverains et diplomates veulent bien prendre sérieusement en considération et mettre en œuvre les actions internationales et supra-nationales qui s'y rapportent, en y ajoutant les autres points comme programme d'avenir, je suis certain, pour ma part, qu'une des puissances les plus immenses qui agissent sur l'homme : « l'habitude » et son fils « le préjugé de la tradition », suffiront pour établir définitivement une paix internationale saine, solide et durable entre les nations. Aucune d'elles n'osera plus alors essayer d'entreprendre une guerre pour dominer la terre entière, et la bonne organisation légale supra-nationale suffira amplement pour parer à tous les conflits locaux.

Nous devons combattre l'impérialisme et toute autocratie, autant que le règne du sabre et l'anarchie sur le terrain international, national et individuel. Comme Ostwald, nous voulons une bonne ORGANISATION, mais celle-ci ne doit pas être réglée par un empereur. Elle doit reposer sur la volonté souveraine, aussi libre que possible, des peuples, dont tout gouvernement doit être le serviteur responsable. Il serait bon d'introduire peu à peu le système de l'initiative populaire dans tous les pays, mais le plus urgent est d'empêcher la vanité naturelle et les intérêts des personnes et des nations d'accaparer toute hégémonie, sur terre comme sur mer.

Je suis homme et rien d'humain ne peut m'être étranger... a dit Térence, déjà avant Jésus-Christ. C'est très beau, mais, pour cela, il s'agit d'empêcher que l'homme demeure le loup de l'homme et c'est pourquoi TOUTES les questions ci-dessus, et bien d'autres encore, doivent être prises en considération dans leurs rapports mutuels. Il n'existe pas de panacée universelle pour guérir les maux de l'humanité et l'abnégation individuelle s'épuise en vains efforts, si elle n'est par organisée avec justice pour tous, sous forme de devoirs sociaux. Il faudrait, soit dit entre parenthèses, organiser une ligue internationale contre les arrivistes, les crieurs vaniteux et leur presse !

J'ai terminé mon livre sur la Question sexuelle par les mots suivants, de Fréd.-Albert Lange :

« Dans le vaste domaine social, tous les éléments révolutionnaires de la science, de la religion et de la politique viennent se rencontrer et semblent vouloir livrer une grande bataille décisive. Que cette bataille demeure un simple combat des esprits ou qu'elle dégénère en lutte sanglante, qui, tonnant comme un cataclysme, viendra ensevelir dans la poussière, avec des millions d'infortunés, les ruines d'une période qui disparaît, une chose est certaine : l'époque nouvelle qui se prépare ne pourra vaincre que sous la bannière d'une grande idée qui balaiera l'égoïsme et viendra placer le perfectionnement humain dans une société coopérative humaine comme but nouveau à atteindre en lieu et place de notre travail fiévreux qui n'a en vue que l'intérêt personnel. »

« Sans doute, les combats qui se préparent seraient adoucis, si les esprits qui sont chargés de diriger les peuples s'imprégnaient d'une façon générale, de la compréhension de l'évolution humaine et des phénomènes historiques...

« D'heureuses natures savent saisir l'instant psychologique. En tout cas, l'observateur qui pense n'a jamais le droit de se taire, pour le simple motif qu'à l'heure actuelle un petit nombre seulement prêteront l'oreille à ses paroles. »

Depuis quarante ans bientôt, je répète, comme Lange, que le socialisme sera moral ou qu'il ne sera pas, social et moral étant des termes synonymes. Que dirait Lange aujourd'hui ? Sa prophétie va-t-elle se réaliser ?

La guerre actuelle est une folie universelle des passions ; on y voit le Germain combattre le Germain, le Juif le Juif, le Polonais le Polonais, l'ami son ami, le frère son frère et les dieux se combattre eux-mêmes. Pourquoi ? Chaque nation dit que ce sont « les autres qui l'ont attaquée » ; elle est aveugle sur ses propres torts. Ses passions sont attisées par l'orgueil blessé et par les armements nationaux des appétits collectifs dynastiques et autres. Ce sont là tout simplement les instincts héréditaires de la bête féroce humaine qui se sont réveillés au son du clairon à la suite des armements guerriers. On ne peut les changer, avons-nous dit. Mais leur réveil est accompagné de celui des instincts meilleurs et de l'acquis de la tradition qui se secoue et se sort de sa vieille ornière ; l'homme est atterré et profondément ébranlé de ce qu'il voit. Profitons-en pour remplacer nos civilisations nationales, conquises jusqu'ici par le capitalisme aidé du canon, et pour mettre à leur place une civilisation pacifique, internationale et sociale.

Pour cela, il n'y aura pas un jour à perdre, dès que les préliminaires de la paix seront signés. Il y va de l'humanité toute entière et pas seulement des belligérants. Nous avons tous, sans exception, le devoir sacré de donner une fois de plus tort à Ben Akiba en faisant naître quelque chose de neuf sous le soleil : LA PAIX STABLE PAR LES ETATS-UNIS DE LA TERRE.

Epilogue

De divers côtés, on parle actuellement des « Etats-Unis d'Europe ». C'est à dessein que j'ai intitulé mes articles « Les Etats-Unis de la Terre ». En effet, la constitution d'un aréopage supra-national est plus facile avec les Etats-Unis et d'autres pays d'Amérique, avec l'Australie et même avec le Japon et la Chine, qu'entre les belligérants actuels d'Europe. En outre, ce serait consacrer de nouvelles guerres pour l'avenir que d'opposer sans raison péremptoire l'Europe à d'autres continents.

Les organisattons suivantes travaillent, entre autres, dans un sens analogue au nôtre pour la paix universelle. Il serait ardemment à désirer qu'elles s'unissent entre elles pour coordonner leurs efforts de la manière la plus propre à atteindre le but :

Bureau international de la paix, Berne.

The Union of Democratic Control, Kings Chambers, Portugal Street, London W.C.

M. Enrico Bignami, Villa Cœnobium, Lugano (Suisse) : Ligue des pays neutres.

M. le Dr R. Broda, Lausanne (Suisse), 60, avenue de Rumine : Ligue pour l'organisation du progrès.

M. Ch. Ingersoll, « United States of Europe Associat. », 1160, Broadway, New-York City, U.S.A.

M. le Dr Nico van Suchtelen, secrétaire du Comité des « Etats-Unis d'Europe », Blaricum, Hollande.

Nederlandsche Anti-Oorlog Raad, Theresiasfr. 51, La Haye, Hollande.

The New-York Peace Society, 507, Fifth Avenue, New-York.

Comité des Amigos de la Unidad Moral de Europe; M. En. Duran, Ateneo, Barcelonès, Barcelona.

M. le sénateur Henri La Fontaine, Priory House, St. James Court, 1271 Buckingham Gate, London S.W.

« The Federal Council of the Churches of Christ in America », Bishop David Greer, New-York.

The Cobden Club, Broadway Court, Broadway, Westminster, London S.W.

Komitee zum Studium der Grundlagen eines dauerhaften Friedenskerfrages, Bern.

Ordre international pour l'action morale et sociale (I.O.E.K.).

Les personnes qui désirent connaître les principes directeurs de l'Ordre pour l'action morale et sociale (I.O.E.K.) n'ont qu'à envoyer au Dr A. Forel, Yvorne (Suisse), un formulaire postal international de 25 centimes et elles recevront la brochure de l'Ordre.

Pour la Ligue pour l'organisation du progrès, qui travaille à stabiliser la paix future, à combattre les haines et les annexions et à propager les Etats-Unis de la Terre, s'adresser au Secrétariat, 60, avenue de Rumine, Lausanne. Il envoie aussi des numéros spécimens gratuits des organes de la Ligue, de la Revue internationale « Les Documents du Progrès » et de la feuille hebdomadaire « La Voix de l'Humanité ».

Il vient de paraître, de plus, une brochure, éditée par le Comité suisse pour l'étude de la base d'un traité de paix durable : «Denkschrift über die Grundlagen eines dauerhaften Friedensvertrages», W. Trösch, éditeur, Olten 1915. Cet écrit, que m'envoie le célèbre juriste, professeur O. Nippold, à Thoune, concorde remarquablement avec les articles ci-dessus ; j'y renvoie.

TABLE DES MATIÈRES

IMP. Fr. RUEDI, LAUSANNE

www.ingramcontent.com/pod-product-compliance
Ingram Content Group UK Ltd.
Pitfield, Milton Keynes, MK11 3LW, UK
UKHW031922260826
14628UKWH00003B/1348

9 782013 284844